U0164942

Bilingual Classics

双语经典

野性的呼唤

〔美国〕杰克·伦敦 著

贾文浩 译

译林出版社

目　录

译　序　　　　　　　　　　　　　　　001

第一章　进入蛮荒　　　　　　　　　001

第二章　棒牙法则　　　　　　　　　017

第三章　争雄野性　　　　　　　　　031

第四章　胜者为王　　　　　　　　　052

第五章　雪道苦役　　　　　　　　　066

第六章　义勇报恩　　　　　　　　　088

第七章　呼声回荡　　　　　　　　　108

（目 录）

文字无法辨识

译　序

　　杰克·伦敦（1876—1916）是中国读者十分熟悉和喜爱的一位美国作家，提起他的作品来，中国读者大都耳熟能详。他在中国受欢迎大概和他是劳动人民出身有关，而且他曾积极宣传社会主义思想，作品还涉及美国底层社会劳苦大众的生活，等等。但这些只是部分原因。撇开阶级的标志，他的作品本身的确是非常吸引人的，其中交织着强烈的现实主义和人道主义情感色彩，具有主题清晰、故事性强、语言生动、笔法娴熟等特点。另外，作者往往在生死攸关的重大事件的背景下刻画人物，那篇举世闻名的《热爱生命》就是基于作者在阿拉斯加淘金热中的亲身经历而创作的，饱含独特的思想性和艺术感染力。

　　中篇小说《野性的呼唤》是使杰克·伦敦蜚声世界文坛的最重要作品之一，是他"北方故事"中的一篇杰作。故事以狗作寓言，表达了环境决定论和强者生存的观念。通过狗恢复野性变成了狼，说明进化过程中也有返祖的可能。

杰克·伦敦在短暂而丰富的一生中，写出了五十多部作品，其中的重要作品在全世界被译成六十多种文字，广为流传，畅销不衰。在我国，杰克·伦敦的主要作品历来不乏译本，但语言在发展，对原作的理解也会因时间的推移而发生变化或深化，总需要有新的译本出现。译者在研究杰克·伦敦作品的基础上翻译了《野性的呼唤》，奉献给所有喜爱杰克·伦敦的读者。

贾文浩

2021 年 12 月于对外经济贸易大学英语学院

第一章　进入蛮荒

古老的欲望跃动奔突，

旧习随时从心底跳出；

冬眠的野性蛰伏已久，

一朝被唤便再度复苏。

巴克不看报，不然就会明白他快有麻烦了，而且不只他一个，从普吉特湾到圣迭戈沿海一带，每一条健壮的长毛狗都不能幸免。因为有人在冰天雪地的北极摸索搜寻，居然发现了一种黄色的金属，再加上轮船公司和运输公司对这一发现大吹大擂、推波助澜，结果很快便有成千上万的人一窝蜂拥向北面。这些人需要狗，他们要的是那种结实的大狗，肌肉强健，干得了苦活儿，皮毛厚实，扛得住冰雪。

巴克住在阳光普照的圣克拉拉谷的一所大宅子里，

人们管这宅子叫米勒法官府。宅子远离大路，隐蔽在树木丛中，透过树枝的缝隙，隐隐约约可以看到房子四周那宽大阴凉的围廊。几条碎石车道蜿蜒穿过大片草坪，一直通向房子。道旁有两排高大的白杨树，树枝连接在一起，浓荫如盖。房子后面比前面还要开阔，这里有好几个宽大的马厩，常有十几个马夫、男仆扎堆儿聊天；有几排仆人们住的平房，上面爬满了藤条；有排列得齐齐整整的棚舍仓房，一眼望不到头；有长长的几排葡萄架，大片翠绿的牧场、果园、莓子园。接下来就能看到那口自流井，还有井口的水泵，旁边还建有一个水泥砌的大水池，米勒法官的孩子们早上来这儿游泳，下午来这儿纳凉。

　　这么大一片庄园，统统归巴克管辖。他就生在这里，长在这里，如今已经四岁了。当然啦，除了他还有别的狗，这么大的一个地方不可能没有别的狗，可是他们都不算数。他们只不过来来去去，扎堆儿住在狗窝里，要不就是悄无声息地安顿在屋内的一个小角落里。名叫图兹的那条日本哈巴狗，还有名叫伊萨贝尔的那条墨西哥无毛狗，就是这个样子，这帮可怜虫难得把鼻子伸到门外边，或者是把脚踏到院子里。另外还有不少猎狐狗，少说也有二十条。有时候，图兹和伊萨贝尔在大群手持扫帚、拖把的女仆的保护下，从窗口向外看那群猎狐狗，那帮家伙便穷凶极恶地冲他俩一阵狂吠，吓得两个可怜虫心惊肉跳。

但是巴克既不是养在屋子里的狗，也不是住在狗窝里的狗。整个庄园都是他的领地。他和法官的几个儿子一块儿跳进游泳池戏水，一块儿去打猎；陪法官的两个女儿莫丽和爱丽丝早晚出去散步；寒冬的夜晚，他在书房熊熊的炉火边，蜷伏在法官的脚下；他把法官的几个孙子轮着驮在背上玩耍，在草地上推着他们打滚，护着他们冒险走到马厩院里的水槽边去，有时候走得更远，一直走到驯马围场、莓子园那边。在猎狐狗面前，他高视阔步；遇到图兹和伊萨贝尔，他压根儿就不拿正眼瞧他们。因为他才是这里的主宰——主宰着法官米勒庄园的所有飞禽走兽，连人也包括在内。

他父亲叫艾尔莫，是一条高大的圣伯纳犬，向来都与法官形影不离。巴克总是学着父亲的一举一动。他个头并不大——体重只有一百四十磅——因为他母亲是条体形较小的苏格兰牧羊犬。不过在他这一百四十磅的体重上，还添了一种尊严，这是舒适的生活和大家的尊敬带给他的，于是他身上便带有了一种王者派头。从小到大这四个年头里，他一直过着贵族般的优裕生活，养成了一副高傲的模样，简直有点自命不凡，就像个孤陋寡闻的乡绅有时候所表现的那样。尽管如此，他保留了自己的气质，并没有堕落成养尊处优的宠物狗。凡打猎之类的户外活动他统统参加，所以锻炼得身强体壮，脂肪少而肌肉发达；他和那些爱洗冷水浴的族类一样，热爱水也成了他强身健体的一个秘方。

这是巴克一八九七年秋天里的情况，那一年，克朗代克①发现金矿，吸引了大批淘金者从世界各地拥向这个冰天雪地的北极地区。不过巴克不看报，他不知道那个叫曼纽尔的花匠帮手不够朋友。这家伙有个改不掉的坏毛病，热衷于中国式赌博，而且赌起来还有个致命的弱点——痴迷于一种赌法；所以他注定了要倒霉。这个赌法非得有钱才行，而他当花匠帮手的工钱，连养活老婆和他那一大堆孩子都不够。

那天夜里曼纽尔的背叛行为让巴克终生难忘。当夜，法官去参加葡萄种植协会的一个会议去了，孩子们忙着组织一个体育俱乐部。谁都没看见曼纽尔和巴克穿过果园走出去，巴克以为这不过是出去散散步。谁也没看见他们来到那个叫作"学府"的信号停车站②，

① 克朗代克，在阿拉斯加正东。1896 年 8 月这里发现金矿，引发了 1897—1898 年的淘金热，成千上万的淘金者怀着发财的梦想拥向这个冰封寒冷的地区，喜剧大师卓别林曾在电影《淘金记》中戏剧性地表现了当时的情景。
② 信号停车站，打信号才停车的小火车站。

只除了一个人。只听那人和曼纽尔交谈了几句，随后便发出叮当作响的钱币声。

"你该先把货捆一下再交货吧。"陌生人粗声粗气地说，曼纽尔便用一根结实的绳子，在巴克脖子上的项圈下面系了一个双扣。

"你只要一拽，就能勒得他透不过气来。"曼纽尔说，那陌生人哼了一声，表示满意。

巴克默不作声，不失尊严地任由绳子套在自己脖子上。这的确是个不同寻常的举动，但他已经学会了信任认识的人，相信他们比自己聪明。不过，绳子一交到那陌生人的手里，他便咆哮了一声，发出威胁。这只不过是表示一下自己的不满，而以他自己的尊严，他以为这样表示一下就足可以算是一个必须服从的号令了。不料脖子上的绳套却被突然勒紧，勒得他差点儿背过气去。他勃然大怒，猛地向那人扑去，还没扑到那人，却被绳套卡住了脖子，被轻巧地一扭，便四脚朝天摔倒在地上。接着绳套被无情地勒紧，巴克拼命地挣扎，舌头从嘴里耷拉下来，宽阔的胸脯无奈地起伏。他有生以来从没受过这么恶毒的虐待，从没有发过这么大的脾气。但是他的力气渐渐不支，眼前一片模糊，火车遵照信号旗的指示停下来的时候，他已经失去了知觉，被那两人抬起来扔上了行李车厢。

巴克苏醒过来后，觉得舌头隐隐作痛，晃晃悠悠像是躺在什么车上一直往前走。忽听在交叉道口响起嘶哑的汽笛声，他这才明白自己身在何处。他老跟法官搭火车旅行，自然知道坐在行李车厢里的感觉。他睁开眼睛，目光射出无法遏制的怒火，仿佛一个被劫持的国王。那人一看不妙，立刻扑过来抓他的脖子，但巴克比他快，一口咬住了他的手，死死咬住不放，直到又一次被勒得失去知觉。

"嘿，有疯病哩。"那人说，一面把那只被咬得血肉模糊的手遮挡住，免得被行李员看到。行李员听见打斗声，已经跑过来了。"我替老板带他到旧金山去，那儿有个高明的兽医，说是能治好他这病。"

关于那天夜里的旅行，那人在旧金山海边一家酒吧后面的小棚屋里绘声绘色地叙述了一番。

"我就得这五十块，"他嘟囔着说，"以后哪怕给一千块现钱，我也不干了。"

他的手上包着一块血糊糊的手绢，右裤腿从膝盖到脚踝全撕开了。

"那家伙得了多少？"酒吧老板问道。

"一百块，"那人答道，"老天在上，一个子儿也不少。"

"这么说总共是一百五十块喽。"酒吧老板计算着，

"这狗的确值这么多，不然我就是个傻瓜。"

狗贩子揭开血糊糊的手绢，看了看自己那只被咬破的手。"我要不得狂犬病才怪——"

"该得，因为你天生就是被吊死的料。"酒吧老板大笑了一声，"来，先帮我一把再走。"他又加了一句。

巴克昏昏沉沉，喉咙和舌头疼得要命，已经被勒得半死不活了，可他还打算和虐待他的家伙干一架，但是他又被摔倒，又一再被勒得喘不过气来。后来他们总算锉断了他脖子上那个厚重的铜项圈，解掉了绳套，把他扔进了一个笼子一样的板条箱里。

后半夜他一直躺在板条箱里，生着闷气，感到受了奇耻大辱。他无法理解这究竟是怎么回事。他们想叫他做什么，这帮陌生人？为什么把他关在这个狭窄的板条箱里？他不明白为什么，但他隐约感到大难临头了，这种预感沉甸甸地压迫着他。夜里有几次棚屋的门吱呀一声打开，他就一跃而起，盼着看到法官的身影，就是看到孩子们也好。可是每次看到的总是酒吧老板那张胖乎乎的脸，就着昏黄的烛光窥视他。每一次，巴克嗓子里已经颤动着的欢叫，总会变成一种恶狠狠的咆哮。

但是酒吧老板没理他，到了第二天早晨，进来四个凶神恶煞、衣衫褴褛、蓬头垢面的汉子，把板条箱抬了起来。巴克心想肯定又是来折磨自己的，就隔着板条，冲他们怒吼起来。可是这些人却只是哈哈大笑，还拿棍子戳他，他立即奋起还击，拼命咬他们的棍子。后来他明白了这些家伙就是要逗弄他，才强忍怒火卧下来，任由他们把板条箱抬上一辆马车。接下来，他就一直被关在那个箱子里，经过许多次倒手。先由快运公司的人员看管；再由另一辆马车运走；又被放在手推车上，和各类箱子包裹一块儿装上一艘渡轮；下了渡轮又被手推车推进一个偌大的火车站，最后总算被安置在了一节快车车厢里。

两天两夜，呼啸的火车头拖着这节快车车厢一直奔跑；两天两夜，巴克没吃没喝。车上的邮差想和他套近乎，他一肚子的气正没处撒，便冲他们咆哮，他们便也不客气地戏弄他。直气得他浑身发抖、口吐白沫，蹿起来扑向板条栅栏，他们反而乐得哈哈大笑，还奚落他。尤其可恨的是他们还学癞皮狗的样儿，冲他又吼又叫，还捏着鼻子学猫叫，扑扇着手臂学鸡叫。他知道，这愚蠢透顶；可是这毕竟越发损害了他的尊严，所以他越忍越气。他倒不太在乎饿肚子，但是没水喝让他渴得忍不了，把他煎熬得口干舌燥，怒气冲天。此时的他，已经变得高度紧张和敏感，受到的虐待加上喉咙和舌头火烧火燎、又肿又痛，像火上浇油一样，使他心中的怒火熊熊燃烧。

有件事令他感到欣慰：脖子上的绳子解掉了。那条绳子让那帮家伙占了便宜；既然解掉了，他可要给他们点儿颜色瞧瞧。他们休想再给他脖子上拴绳套。这事他打定了主意。两天两夜他没吃没喝，两天两夜他饱受折磨，心里郁积起来的愤怒，会一股脑儿发泄到第一个胆敢挑衅的家伙头上，无论他是谁。他两眼布满血丝，完全变成了一个凶神恶煞。变得这么彻底，就算法官本人见了他，怕也认不出了。到了西雅图，邮差们把他扔下车以后，都松了一口气。

四个人小心翼翼地把板条箱抬下马车，抬到一个高墙围起来的小后院里。出来个大块头汉子，穿一件松领口的红毛衣，在车夫的登记簿上签了字。准是这家伙，巴克心里揣摩着，又要挨他的折磨了，便猛撞箱子上的板条。那汉子冷笑了一声，取来一柄短斧、一根木棒。

"难道你现在就要把他放出来？"车夫问道。

"说得对。"那汉子答道，说罢照板条箱啪地劈了一斧。

抬箱子的四个人应声四下散开，爬到了墙头上，准备在这个安全的位置观看一场好戏。

巴克猛地扑向劈碎的木条，狠咬、撕扯。斧头从外面劈在哪里，他就从里面扑向哪里，咆哮狂吠，心急火燎，恨不得立即冲出板条箱。而那个穿红毛衣的汉子镇定自若，却也正是要把他弄出来。

"好啦，你这红眼魔鬼。"那汉子说。这时他已经把板条箱劈开一个大口子，足够让巴克的身体钻出了。汉子一边说着一边把斧子丢开，把那根木棒换在右手上。

这时，只见巴克拱起身体准备向前猛扑，毛发倒竖，口吐白沫，血红的眼睛里射出两道疯狂的光芒，活脱是个红眼魔鬼。他跃起那一百四十磅重的愤怒躯体，加上两天两夜受禁闭的激愤，向那汉子扑去。刚扑到半空，就在牙齿快要咬住那汉子的一刹那，他猛地挨了重重一击，疼得浑身一抖，停止了冲击，上下牙咔吧一声紧咬在一起。他身体一翻，背朝下摔在地上。他这辈子还没有挨过棒子打，一时间弄不明白是怎么回事。他发出一声尖厉的吠叫，猛翻身，又腾空跳起。再次遭到重击，猛摔在地。这次他明白了，原来是那根大木棒，可是他在狂怒之中，哪里顾得上防备。他发起十几次攻击，每次都被那根木棒击退，被打翻在地。

挨了特别凶狠的一击后，他费力地爬起来，头晕目眩，无法继续进攻。他浑身无力、步履蹒跚，血从鼻孔里、嘴巴里、耳朵里直往外流，他那一身漂亮的毛皮沾满了血污。接着，那汉子又向前照准他的鼻子猛敲一棒。与这一棒带来的钻心剧痛相比，他先前经历过的全部痛苦简直都不算什么了。他怒吼一声，仿佛一头凶猛的雄狮，又一次朝那汉子猛扑过去。可是那汉子把木棒从右手换到左手上，冷冷地出手，一把抓住他的下颌，朝后下方猛扭，扭得巴克在空中翻了一圈半，然后跌落下来，头和胸重重砸在地上。

他又努力冲击了最后一次。那汉子一直等到这会儿才使出他刻意保留的阴险一击，这一棒把巴克打得瘫倒在地，彻底失去了知觉。

"我说什么来着，他可真是个驯狗高手。"躲在墙头上的一个人兴奋地叫喊着。

"我看还是哪天去看驯马吧，每个礼拜天都有两场。"车夫说，一面爬上马车赶车上路。

巴克苏醒过来，但并没有恢复体力。他躺在刚才倒下的地方，暗暗观察着穿红毛衣的汉子。

"'叫巴克会有反应'，"那汉子独自念着酒吧老板签的板条箱和货物的发出通知，"哈哈，巴克，我的孩子，"他用友善的口气说，"咱俩只不过发生了点小小的吵闹，最好就到此为止了吧。你明白了你的地位，我也明白我的地位。要是做条好狗，一切都会顺利，前途光明。要是做条坏狗，我会打得你吃不了兜着走。

明白吗？"

他一边说着，一边就放心大胆地拍了拍刚被他毒打过的狗脑袋。经他一摸，巴克禁不住毛发倒竖，但还是忍住没有反抗。那汉子还拿水给他喝，他立即痛饮了一番，后来又拿生肉给他吃，他狼吞虎咽，从那汉子手里吃了一块又一块。

他吃了败仗（这他明白），但他并没有被驯服。有件事他算彻底弄明白了，那就是不能跟手拿棒子的人斗。他吸取了这次教训，一辈子也没有忘记。那根棒子就是个启示，教会了他服从原始法则，他学会了妥协。实际生活更严酷，他无所畏惧地面对这个现实，不过却也充分利用自己本性中潜在的、被唤醒的狡诈来对付这个现实。随着时间一天天过去，又有些狗陆续到来，有的被关在板条箱里，有的用绳子拴着，有的温顺，有的狂暴、咆哮，和他来时一样。他看到这些狗一条条全都服从了穿红毛衣的汉子。一次又一次，当他目睹那惨烈的场面，就把那个教训更深切地铭记心中：手持棍棒的人就是制定法则的人，就是必须服从的主人。不过倒也犯不上去讨好他，巴克从来不去讨好谁。可他的确看到不少被打服的狗向那汉子大献殷勤，见了他摇尾巴，又舔他的手。他也见识过一条刚烈的狗，既不讨好谁，也不服从谁，结果在残酷的驯服过程中被活活打死了。

常有些人来这地方，都是些陌生人，和穿红毛衣的汉子争得面红耳赤，巧言周旋，玩尽了各种伎俩。每次有钱在他们之间过手，陌生人就会牵走一条或几条狗。巴克心里直纳闷，他们这是到哪里去了，因为再也没见他们回来过；巴克对自己的未来深怀恐惧，每次都暗自庆幸没有人选他。

但是终于轮到他了。有个又瘦又干的矮个子看上了他，这人英语说得一塌糊涂，听上去很怪，满嘴粗话，大呼小叫的，巴克一点儿都听不明白。

"妈的！"他的目光落在了巴克身上的时候，忽然叫了一声。"那条狗棒极了！对不？多少钱？"

"三百块，跟白送差不离了。"穿红毛衣的汉子脱口答道，"再说花的是公家的钱，你怕什么？是不，佩罗？"

佩罗咧嘴笑了一笑。由于异常大的需求量，狗的价格扶摇直上，这个价钱买这么一条狗，也还算公平合理。加拿大政府当然不想吃亏，也不想让公文在路上耽搁。佩罗对狗很在行，他一见巴克，就知道这是条千里挑一的好狗——他心里说："该是万里挑一才对。"

巴克看见这瘦干巴矮个子交了钱，所以他牵走他的时候，并不感到意外。和他一块儿被那人牵走的还有一条温顺的纽芬兰狗，名叫"卷毛"。那是他最后一次看到穿红毛衣的汉子。随后他和卷毛在"独角鲸号"轮船甲板上，望着渐渐远离的西雅图，那也是他最后一次看见温暖的南方①。佩罗把他和卷毛牵到底舱，交给了一个名叫弗朗索瓦的黑脸大汉。佩罗皮肤黝黑，因为他是个法裔加拿大人；弗朗索瓦的皮肤更黑，因为他是法裔加拿大人和印第安人的混血儿。在巴克的眼里，他们是从来没有见过的另一种人（他注定要见到更多），尽管他对这些人并没有产生什么好感，但心里还是渐渐对他们敬重起来。没过多久他就看出来佩罗和弗朗索瓦都是好人，能沉着冷静、不偏不倚地主持公道，跟狗打交道十分在行，绝对不会上狗的当。

在"独角鲸号"轮船的底舱里，巴克和卷毛与另外两条狗相遇，待在一起。其中一条浑身雪白，高大健壮，来自斯匹次卑尔根岛②，是被一个捕鲸船船长从那座岛上带走的，后来又跟着一个地质考察队去过加拿大北部那片寒冷的不毛之地。这家伙面似友善，其实奸诈，给你一副笑脸，心里藏着鬼胎。比方说，第

----

① 西雅图地处美国西北，但这里的"南方"是针对加拿大而言。
② 斯匹次卑尔根岛，挪威境内一座岛屿，位于北冰洋的斯瓦尔巴群岛，北格陵兰以东。

一顿饭就把巴克那一份偷走了，巴克发现后立即扑过去收拾他。这当儿，弗朗索瓦一个响鞭先抽在窃贼身上；接下来并没有打巴克，还让他收回了那块骨头。弗朗索瓦这一招公平，巴克暗自思忖，于是这个印第安混血儿赢得了巴克的尊敬。

另外那条狗和谁都不冷不热，不过他也不打算偷新伙伴的食物。他性格郁闷孤僻，曾明白地向卷毛表示，他就喜欢独处，要是有谁不让他安静独处的话，可别怪他不客气。他名叫"戴夫"，总是吃了睡，睡了吃，要不就是伸懒腰打哈欠，任凭什么他都没兴趣。就连"独角鲸号"穿过夏洛特王后海峡时，轮船着了魔似的前后摇摆，左摇右晃，剧烈颠簸，他也照样无动于衷。巴克和卷毛紧张得要命，都快吓疯了，而他却仿佛不胜其烦似的抬起头来，无精打采地看了他们一眼，打了个哈欠，便又倒头接着睡他的觉。

螺旋桨日夜旋转，轮船不停颤动，天天如此，周而复始，但是巴克明显地感觉到天气变得越来越寒冷了。终于在一天清晨，螺旋桨平静下来。"独角鲸号"轮船上弥漫着一种兴奋的气氛。他觉察到了这种气氛，另外那几条狗也都觉察到了。他预感到就要发生什么新的情况了。弗朗索瓦用皮带把他们一一拴好，牵到甲板上。刚一踏上寒冷的舱面，巴克一脚踩进了一层白白的软软的东西里面，很像是泥巴，不由得哼了一声蹦了回来。这白色的东西还纷纷扬扬从天空往下落。他浑身抖擞了一下，可是这东西还是不停地往他身上落。他好奇地把鼻子凑过去闻了闻，伸出舌头舔了舔，感觉像给火烧了一下似的，不过转眼就没感觉了。这让他好生奇怪，忍不住又试了试，结果还是一模一样。旁边的人见此情景，哈哈大笑起来。他感到一阵羞愧，却弄不明白是怎么回事，因为这是他平生头一次看见雪。

第二章　棒牙法则

巴克在迪亚海滩度过的第一天真是一场噩梦。每时每刻都充满了震撼惊骇。他突然被人从文明的中心抓走，扔到了蛮荒的原始腹地。这可不是成天无所事事、游手好闲、懒洋洋地吃饱了晒太阳的日子。这里没有安宁，不能休息，也不存在片刻的安全。一切都处在混乱忙碌之中，每时每刻都有性命之忧、伤身之虞。必须时刻保持警惕，因为这里的狗和人绝不是城里的狗和人。他们野性十足，无一例外，根本不知道有法律这一说，只知道一种棒牙法则。

这帮家伙打起架来像狼一样凶狠，巴克还从来没有领教过，这种经历给了他一个终生不忘的教训。没错，这只是一次间接的经历，否则他就不会活下来从这次经历中长见识了。受害者是卷毛。当时他们在一个柴棚附近露宿，卷毛主动上前去对一条爱斯基摩狗表示友好，那条狗还不及她一半大，个头跟一条成年狼差不多。冷不防，那条爱斯基摩狗闪电般蹿过来，只听咔嚓一声，牙齿发出金属碰撞的声响，旋即又闪电般蹿开去，只见卷毛脸上已经从眼睛到嘴角撕开了一个大口子。

　　这是狼打斗的方式，打了就跑；可是这事还没完呢。突然间，打斗现场一下子跑来三四十条爱斯基摩狗，不动声色地把打架的两条狗团团围住，严阵以待。巴克弄不明白他们为什么要那样不动声色、严阵以待，也不明白他们为什么那么迫不及待地舔着自己的嘴巴。卷毛朝对手扑去，对手又咬了她一口，扭脸就跑。卷毛又一次朝对手扑去，这次对手用胸脯抵挡她，这奇特的迎击一下就把卷毛撞翻在地。她再也没能站起来。那些观战的爱斯基摩狗等的就是这一下子。他们一拥而上，咆哮撕咬，卷毛被压在一大群长毛躯体底下，发出尖厉的惨叫。

　　事情来得太突然、太出乎意料了，着实让巴克感到不寒而栗。他看见斯皮兹耷拉着血红的舌头，模样像是在大笑；他还看见弗朗索瓦挥舞着一把板斧冲进乱作一团的狗群。还有三个人拿着棒子帮他驱散狗群。从卷毛倒下到攻击她的最后一条狗被棒子打走，不过两分钟的光景，但是卷毛已经瘫在地上断了气，雪地上一片狼藉，血迹斑斑。卷毛简直被撕成了碎片，气得黑脸混血儿站在她身边破口大骂。这情景在巴克睡梦中反复出现，搅得他睡不安稳。原来是这样，这种较量毫无公平可言。一旦倒下，你就玩儿完了。好吧，他要牢牢记住，无论如何也不能倒下。斯皮兹又吐出舌头笑起来，从那一刻开始，巴克就对他怀恨在心，那是一种终生不变的仇恨。

卷毛的死带给巴克一次剧烈的震动，他还没来得及平静下来，就受到了另一次震动。弗朗索瓦在他身上系了一套皮扣带。这是一套驾驭狗的绳具，就像原来在家见到马夫往马身上套的那一种。于是就像他曾见到过马干活儿那样，他也被迫开始干活儿了，拉着雪橇载着弗朗索瓦进了山谷边的森林，拉回满满一雪橇柴火。这简直是让他当牛做马，他的尊严受到了严重伤害，不过他很聪明，并没有因此而反抗。他坚定地干起来，而且干得很卖力，尽管这活儿对他来说还是很陌生的，从来没有干过。弗朗索瓦很严厉，说一不二，命令要立即服从，他仗着手中的皮鞭，把一群狗调教得俯首帖耳、唯命是从。戴夫驾辕很老练，一见巴克不吃劲，就咬巴克的后腿。斯皮兹是条领头狗，本领不亚于戴夫。尽管他没法动不动就咬巴克，可他老是对巴克龇牙咧嘴，给以严厉的教训，要不就略施技巧，猛地绷紧缰绳，把巴克弹回到应该保持的位置上去。巴克学得很快，凭着两个伙伴的带领监督、弗朗索瓦的指导训练，他有了显著的长进。回到营地之前，他就学会了一听到“嚯”的吆喝声就立马站住，一听到“么式”的吆喝声就立马起步，转弯时要跑外圈，装着货的雪橇下坡时会追着他们的后腿飞速滑行，这时要离驾辕的狗远一点儿。

“这三条狗真棒。”弗朗索瓦跟佩罗说，“瞧那小子巴克，拉起橇来跟他妈玩命似的。用不着我怎么教，他一学就会。”

到了下午，赶去送急件的佩罗，又带了两条狗回来。他管这两条狗叫“比利”和“乔”，这一对儿是兄弟俩，是地道的爱斯基摩狗。虽说哥俩是同胞兄弟，脾气性情却截然不同。比利有个毛病是脾气太好，乔则恰恰相反，性格内向，脾气暴躁，眼神总是恶狠狠的。巴克对他俩一视同仁，都当成伙伴看待，戴夫压根儿不搭理他俩，斯皮兹则扑上去咬了弟弟又咬哥哥。比利并不想惹是生非，和气地摇着尾巴，见这样做没用,扭头就跑开了。斯皮兹的尖牙咬到比利腰上的时候，他禁不住叫了起来（还是那种和气的声调）。可是无论斯皮兹怎样绕圈挑衅，乔总是原地转动，面向来犯者竖起鬃毛，倒伏双耳，嘴唇抽动着咆哮示威，猛咂嘴巴，眼睛里露出两道凶光——一副负隅顽抗的困兽模样。那样子非常可怕，斯皮兹也怕他三分，本想给他个下马威，见此情景只好作罢。为了掩饰自己的尴尬，斯皮兹转而扑向息事宁人地呜呜乞和的比利，一直把对方追逼到营地边缘。

天黑之前，佩罗又弄来一条狗，是一条爱斯基摩老狗，躯干长而瘦，憔悴干瘪，脸上有打斗留下的累累伤疤，只剩了一只眼睛，闪烁着凛然不可侵犯的光芒，其威严令人敬畏。他名叫索尔莱克斯，那意思是"暴脾气"。和戴夫一样，他什么也不要求，什么也不给予，什么也不期待；只见他慢慢悠悠，从容不迫地走到大家中间，就连斯皮兹也没敢招惹他。他有个特点，不幸被巴克发现，那就是他不喜欢别人从他的瞎眼那一侧靠近他。巴克无意中犯下了这个错误，意识到自己做事欠考虑，可是已经晚了，索尔莱克斯猛地扑上来，把他肩膀上撕开一道三英寸长的口子，露出了骨头。从此以后，巴克决不到他瞎眼那一侧去，直到分开，他俩之间也没有出过什么麻烦。索尔莱克斯有个唯一的明显的愿望，就是和戴夫一样孤身独处；不过巴克到后来才明白，他们个个都有另外一种更重要的志向。

那天夜里，巴克遇到了睡觉的重大问题。帐篷里点着一支蜡烛，在白茫茫的原野上发出温暖的光芒，于是他自然而然地走进了帐篷，不料却遭到了佩罗和弗朗索瓦两人劈头盖脸一顿痛骂，还随手抄起器具砸过来，惊得他连忙逃回到寒冷的野地里去了。朔风呼啸，吹得他浑身发冷，更不用说肩上还有个新添的伤口，疼得直钻心。他卧倒在雪地上打算睡觉，可是霜冻把他冻得浑身打战，无法忍受，只好又站起来，在帐篷周围转悠，一副可怜兮兮的样子。他发现这周围哪儿都是一样冷，而且黑地里随时都会冷不丁地蹿出恶狗来袭击他，于是他也竖起脖子上的鬃毛，一阵狂吼（他学得挺快），就镇住了来犯者，不敢再找他的麻烦。

后来他总算想出了一个主意，回去看看同伴们是怎么睡觉的。可他一看却大吃一惊，同伴们连个影子也看不见。于是他又在营地上转悠了一阵，找他的同伴。找了一圈连一条也没找着。莫非他们在帐篷里？不可能，否则他不会被赶出来的。那么他们究竟上哪儿去了呢？他心里直纳闷，夹着尾巴，浑身哆嗦，漫无目的地绕着帐篷一直转悠，感到十分寂寞。忽的一下，他的前爪陷进了雪里，有什么东西被他踩得扭动起来。他一惊，猛地抽回前爪，竖起鬃毛一阵狂吼，对这看不见、不了解的东西很害怕。但是一声友好的轻唤回应了他，他这才放了心，又上前去看个究竟。一股热气从雪里冒出来，钻进了他的鼻孔。原来是比利，只见他蜷缩着身体，躺在积雪下面，正和气地哼着，还扭动了几下表示友好，为了求得平安和睦，甚至还伸出舌头舔了舔巴克的腮帮。

又上了一课。看来他们就是这样睡觉的喽。巴克蛮有信心，也选了一块地盘，费了半天劲才挖好了一个雪洞。不久他身上散发出的热气就弥漫在了雪洞里，他也就暖暖和和地睡着了。在这漫长而辛苦的一天之后，他睡得十分香甜，不过一直有噩梦搅扰，在梦里他还是不断地狂吼、打斗。

一整夜他眼皮连一次也没睁开过，一觉睡到营地的嘈杂声把他从睡梦中吵醒。刚醒来他一时没弄清自己在什么地方。夜里下了雪，把他整个儿埋住了。雪像墙一样把浑身压住，使他感到一阵惊恐——那是野兽对陷阱的惊恐。这是一个迹象，表明他在自己的生活中正向祖先的生活回归；因为他是条生活在人群当中的狗，跟人生活得太久了，凭自己的经验，压根儿不懂什么是陷阱，所以自己不会产生这种惊恐。出于本能，他浑身的肌肉都在抽动收缩，脖子和肩头的鬃毛都竖了起来，他尖厉地大吼一声，霍地一下腾空跳起来，猛地发现自己置身于炫目的白昼，飞起的一团雪雾弥漫在自己周围。脚还没着地，就看见面前被白雪覆盖的营地，他回过神来，明白了自己是在什么地方，想起了自己被曼纽尔带去散步以来发生的一切，直到昨夜挖洞的情景。

他刚一露面，弗朗索瓦便兴奋地高喊起来。"瞧咱怎么说的？"这家伙对佩罗大声嚷嚷道，"巴克这小子学得可真够快的。"

佩罗一副正儿八经的神色，点了点头表示同意。他身为加拿大政府的信使，随身带有重要公文，所以急于弄到最有能耐的狗，搞到巴克的确叫他满意极了。

一个钟头之内，队伍里就又添了三条爱斯基摩狗，总数达到了九条。又过了不到一刻钟，所有的狗都套上了绳具，随后便出发踏上了通往迪亚峡谷的雪路。离开这里巴克倒挺高兴，要干的活儿是累了点儿，他倒也没有觉得太难受。他感到很意外，这种迫切的情绪，使全队上下奋发鼓舞，也使自己受到了感染。还有更让他惊讶的情形，戴夫和索尔莱克斯变样了。他俩是新来的，一套上绳具就变得不一样了。他们身上那种懒散麻木一下子消失得无影无踪了。只见他俩又机警又活跃，迫切想干好自己的工作，不管队伍停顿下来还是乱了队形，只要工作稍有延误，他俩就会暴跳如雷。干这拉雪橇的苦力，似乎是他们的本分，是他们存在的最高体现，是他们生命的唯一目标，是他们赖以获得乐趣的全部源泉。

戴夫是驾辕狗，前面拉套的依次是巴克和索尔莱克斯，再往前隔着挺长一段距离才是其余的狗，他们一字儿排开紧紧跟在领头狗身后，担当领头狗的是斯皮兹。

　　巴克是被故意安排在戴夫和索尔莱克斯之间的，这样他就会学到本领。他的确学得快，他俩也很会教，一看到错误马上纠正，用他们的尖牙当训练工具。戴夫聪明正直，从来不会无缘无故咬巴克一口，而凡是需要调教的时候，又决不会少咬一口。戴夫背后还有弗朗索瓦用皮鞭给他撑腰，所以巴克认识到，与其报复，还不如改正错误来得划算。一次，队伍停下来稍事休息，出发时巴克被绳子缠住，耽误了时间，于是戴夫和索尔莱克斯一块儿扑上来，恶狠狠地教训了他一顿，却也把绳子弄得更乱了。不过后来他干活儿特别小心，再也不弄乱绳子了。一天还没完，巴克就已干得非常熟练，两个伙伴也就差不多不再咬他了。弗朗索瓦的皮鞭声也很少听见了。佩罗甚至还很体贴巴克，把他的脚一只一只抬起来，细细查看了一遍。

　　他们实实在在地跑了一整天，跑过峡谷，穿越牧羊营，翻过鳞山，越过林带，掠过百丈冰崖、千尺雪堆，最终翻越了奇尔库分水岭，山岭雄踞咸水和淡水之间，威严地守卫着悲凉孤寂的北方。一路上风驰电掣，经过一连串死火山口形成的湖泊，直跑到深夜，才赶到班尼特湖口的大片营地。这里聚集着成千上万的淘金者，都在打造小船，预备春天冰雪融化成河的时候使用。巴克在雪地上挖了个洞，到这时早已累得筋疲力尽，便一头钻进雪洞里睡了。可是一大早就被轰起来，在寒冷的黑暗中，和伙伴们一起套上了雪橇的绳具。

那天他们一口气跑了四十英里，因为雪道是压瓷实了的；可是接下来的一天，以及这以后一连许多天里，他们无路可循，只好自己开道，十分辛苦不说，还赶不出路。一般佩罗总是走在队伍最前面，脚上穿着带蹼的鞋，把雪先踩瓷实，好让大伙拉橇走得容易一点儿。弗朗索瓦在雪橇右首驾橇，偶尔也和佩罗换一下，不过并不常换。佩罗急得很，他对冰的性质很了解，为此很得意，因为这是必不可少的知识。秋天的冰薄得很，而水流迅疾的地方根本不结冰。

日复一日，巴克在茫茫雪道上干着拉橇的苦役，也不知哪天是个尽头。他们总是天不亮就动身，天边刚露出一道鱼肚白，就已经把大段的路程甩在了身后。而且又总是在天黑之后才安营扎寨，吞几口鱼肉就钻进雪里睡了。巴克总吃不饱，他每天的口粮就是一磅半晒干的鲑鱼，吃完肚里还是空空的，天天都填不饱肚子，老是饿得肚疼。可是别的狗因为体重没他那么大，而且就在这种环境下土生土长，尽管口粮只有一磅鱼，也还过得挺滋润。

他很快就丢掉了过去那种讲究吃喝的斯文。他发现伙伴们吃得飞快，吃完自己的就抢他还没吃完的。真是防不胜防，眼睁睁看着食物被抢走。这边刚轰走两三个，那边食物却早下了另外一些家伙的肚。为防屡遭抢劫，他也像他们一样狼吞虎咽；在饥饿的驱使下，他也顾不得斯文，不属于自己的，他也瞅机会能下手就下手。他细心观察，学习领会。他看见新来的叫派克的那条狗，老装病偷懒，还老偷东西，趁佩罗不注意偷了一片咸肉。第二天巴克也如法炮制，一不做，二不休，把整块咸肉都偷走了。这下惹出了大乱子，但是他并没有受到怀疑；结果名叫杜布的那条狗代他受过了，那家伙笨头笨脑的，老是被逮个正着。

第一回偷窃说明了一点，那就是巴克可以在北部恶劣的环境下生存下来。说明巴克的适应能力很强，能根据变化了的生存条件调整自己的行为，如果缺少这种适应能力，就意味着很快会悲惨地死去。还表明他的道德观念也行将崩溃，眼看就要支离破碎了，在严酷无情的生存斗争中，道德观念是一钱不值的废物，简直就是一种缺陷。那玩意儿在南方还是蛮不错的，那地方讲的是博爱、友谊，尊重私有财产和个人情感；而这里讲的是棒牙法则，谁要考虑那种废物，谁就是大傻瓜。要是他还把那玩意儿放在心上，据他对他们的观察，他的前途可就实在堪忧了。

这个道理并不是他通过逻辑推导得出的。他不过是去适应罢了，如此而已。他适应这种新的生活方式，纯粹是出于无意识。过去在格斗中不管胜败如何，他从来不曾临阵脱逃。但是那个穿红毛衣的汉子用大棒教导了他，打得他明白了一个更基本、更原始的法则。在文明环境中，他可以为道义而死，比如为了捍卫米勒法官的马鞭而死；而如今，他的文明道义已经彻底沦丧，为了免遭皮肉之苦，在捍卫道义的战斗面前，他会临阵脱逃。他并不是为了好玩才去偷东西的，而是出于难以忍受的饥饿。抢夺也并不明目张胆地干，而总是干得不声不响、狡猾巧妙，这样才能避免棒牙之灾。简言之，这样做可以让他活得更容易些。

他长进（或者说倒退）飞快，肌肉如钢铁般结实，一般的疼痛对他来说早已无所谓了。他充分地利用身体内外的一切因素，为自己服务。他能吃下任何东西，不管多么难以下咽，也不管多么不好消化；一旦吃下去，他的胃液会把一丝一毫的营养都榨取干净；而他的血液会把这营养输送到身体的最末端，用来滋养那无比坚韧结实的肌体组织。他的视觉和嗅觉变得异常灵敏，听觉也灵得出奇，熟睡中哪怕听到一点点极轻微的响动，也能判断出是吉是凶。他学会了把夹在脚趾间的冰块咬出来；他知道在结了冰的水坑里喝水，要如何用后腿站立、挺直前腿，然后猛地砸碎冰面。他最突出的本领是能嗅出风向，头一天夜里就能预先知道。在树下或堤旁掘洞准备睡觉时，哪怕当时一丝风也没有，但后半夜刮起大风时，他总是能背风而眠，遮挡得严严实实、睡得暖暖和和。

他不仅凭实际经验学习，而且身上那早已泯灭的本能也渐渐复苏。经过无数代驯化产生的习性，从他身上消退了。隐隐约约，他回忆起了狗族从前的岁月，那时成群的野狗在原始森林里游荡，追捕猎物，将猎物咬死。学会撕咬、学会像狼一样突然袭击，这些对他来说都不算什么。这是已被遗忘的远祖们的搏斗方式。这种特性在他体内迅速复活了。经祖祖辈辈一再使用已经成为族类遗传的本领，如今他都具备了。这些本领他用不着下功夫学习、琢磨，仿佛就是他与生俱来的一样。漫漫寒夜，他常把鼻子对着星星，像狼一样仰天长啸，他那早已死去化作泥土的祖先们多少个世纪以来，就一直这样把鼻子对着星星仰天长啸，这引发了巴克的共鸣。他的声调和祖先的声调毫无二致，那声调表达了祖先的悲哀，表达了他们对寂静、寒冷和黑暗的感受。

于是，他心底又涌起那古老的歌，象征着生命不过是一种听任摆布的玩偶，而他又恢复了原来的自己；他来这儿是因为人们在北极发现了一种黄色的金属，是因为曼纽尔这个花匠帮手挣的钱不够养活他老婆和他那一窝小崽子。

第三章 争雄野性

巴克身上潜伏着一种强烈的争雄野性，在拉雪橇的路途上，条件十分恶劣，而这种野性却在与日俱增。不过这是一种难以觉察的变化。他新学会的那种狡黠，让他始终能保持镇定自若。他这时的心思全放在了适应新环境上，心里并不轻松，他不但不主动挑起战斗，而且就算战斗临头也尽可能避免卷入。一贯保持小心谨慎的态度，这是他的特点。他从不轻举妄动；虽说他和斯皮兹对彼此恨入骨髓，但他表面上不露半点痕迹，巧妙地避其锋芒。

而斯皮兹却是锋芒毕露，这大概是因为他感到巴克是个危险的竞争对手，所以不放过每一个逞凶的机会。他甚至故意找碴欺负巴克，随时打算挑起战斗，拼个你死我活。要不是发生了一件不同寻常的事，也许上路不久就会爆发这样的战斗。那天结束时，他们来到拉贝日湖畔露宿，那里荒凉凄惨。当时下着鹅毛大雪，刮着刺骨寒风，到处一片黑暗，他们只能匍匐摸索，寻找栖身之地。上路后这么恶劣的条件他们还是头一回遇到。一面悬崖绝壁耸立在他们身后，佩罗和弗朗索瓦只好在湖面的冰上生火、铺开睡觉用的袍子。那顶帐篷他们扔在了迪亚，为的是轻装上路。几根漂木供他们做了柴火，可是火堆很快把冰烤化，陷下去熄灭了，他们只好摸着黑吃了饭。

巴克紧贴着挡风的岩石做了个窝。睡在里面又温暖又舒服，弗朗索瓦把在火堆上解冻的鱼分给大家吃的时候，他真不情愿离开。可是等他吃完自己那一份回来时，却发现自己的窝被占了。一声表示警告的低吼声告诉他，来犯者是斯皮兹。巴克本来一直都避免和这个冤家对头发生麻烦，可是这也太过分了。他身上的野性曜地升腾上来，一时怒不可遏，猛地扑向斯皮兹。这举动令双方都感到吃惊，尤其是斯皮兹，因为他和巴克相处了这么久，一直把这个对手当成个逆来顺受的胆小鬼，能混下来就因为他长得五大三粗罢了。

弗朗索瓦看着他俩扭成一团从塌陷的窝里蹿出来，也禁不住吃了一惊，他立刻便明白了事情的缘由。"嘿！"他冲巴克吼了一声，"给他算了，天哪！给他算了，那个不要脸的贼！"

斯皮兹也巴不得大战一场。他气急败坏地嚎叫着，心急火燎地兜着圈子，找机会反扑。巴克也毫不让步，毫不大意，绕过来绕过去，寻找有利时机。不料就在这时，突然发生了意想不到的情况，这件事把双方争霸的斗争推迟到将来，到无数英里的雪路苦役之后。

佩罗咒骂了一声，一棒子打在某条狗的骨架子上，发出了一声回响，随即响起一声痛苦的尖叫，这响声预示着一场混战来临。原来营地上突然出现了一大帮骷髅似的长毛家伙——饥肠辘辘的爱斯基摩狗，足有百八十条，是闻到了营地的气味儿从附近印第安村落里跑来的。这群恶狗趁巴克和斯皮兹打架，悄悄溜进了营地，佩罗和弗朗索瓦冲进狗群里挥起粗粗的大棒狠打，它们还龇牙咧嘴地反扑。它们嗅到了食物的气味儿，兴奋得发了狂。佩罗见有条狗把脑袋伸进了食物箱里，猛一棒子砸在那家伙干瘦的肋骨上，结果箱子翻倒在地。顷刻之间，便有二十来条饿红了眼的凶狗闻声而至，大肆抢夺散落在地上的面包和咸肉，任凭乱棒打在身上也不管。棒如雨下，打得狗子们嗷嗷乱叫，它们却疯了似的挺着，直到把最后一块面包渣咽下肚。

与此同时，受了惊的拉橇狗也都从各自的栖身之处跑了出来，却立即遭到那群穷凶极恶的入侵者的猛扑。这样的狗，巴克还从来没有见过。看模样，条条都是皮包骨头，活脱就是一副副骨头架子，外面松松垮垮地盖着一张狗皮，却两眼如炬，犬牙流涎。然而他们都饿疯了，凶得厉害，根本抵挡不住。头一个回合，拉橇狗就全败退到了悬崖下。巴克遭到三条爱斯基摩狗的围攻，转眼间，头上、肩上都被撕开了口子。声音响成一片，听上去可怕极了。比利照例还是叫个不停。戴夫和索尔莱克斯负了几十处伤，浑身淌血，但仍英勇抵抗，并肩作战。乔像着了魔似的疯咬敌人。有一下子一口咬住了一条爱斯基摩狗的前腿，只听咔嚓一声，咬断了骨头。平时老装病的派克腾地扑向瘸了腿的爱斯基摩狗，闪电般地咬住其脖颈，猛一抖，便弄断了它的脖子。巴克咬住了一个敌人的脖子，咬得它直吐白沫，牙齿洞穿颈静脉时，血溅了巴克一脸。热乎乎的血液顺着牙齿流进嘴里，血的滋味刺激得他愈发凶猛。他立刻又扑向另一个敌人，与此同时却感到自己的脖子被咬住。是斯皮兹，他恶毒阴险地从侧面下了手。

佩罗和弗朗索瓦把狗群从他们那里赶跑后，马上跑来援救自己的拉橇狗。在他俩面前，那群饿疯了的狗像退潮一样撤退了。巴克也摆脱了攻击。但这情形只维持了片刻的工夫。两人一见情况不妙，不得不跑去抢救食物，这时爱斯基摩狗群便掉转头，又向拉橇狗队伍发起了进攻。比利由于恐惧而变得勇敢，冲破了敌人的包围，逃向茫茫的冰面。派克和杜布紧随其后，于是整个队伍都紧跟着从这个缺口逃走了。巴克鼓足力气跟着队伍奔逃时，眼角的余光发现斯皮兹从侧面向他扑来，显然是企图把他撞倒。一旦在爱斯基摩狗群里倒下，他可就玩完了。于是在斯皮兹撞击他的一瞬间，他死死地撑住，随即又追赶上了突围后奔向湖面的队伍。

后来，全队九条狗结伴逃到密林里藏身。尽管后面已无追兵，可他们的处境十分可怜。没有哪条狗身上没伤了四五处的，有的还伤得很厉害。杜布的一条后腿伤得很重；在迪亚最新加入队伍的爱斯基摩狗多利，脖子被撕开了一个大口子；乔瞎了只眼；好脾气的比利一只耳朵被撕得稀烂，疼得哭叫了一夜。破晓时分，大家一瘸一拐、担惊受怕地返回营地，发现入侵者已经离去，佩罗和弗朗索瓦生着闷气。口粮足足少了一半。那群爱斯基摩狗把拉橇的绳具和帐篷布都嚼烂了，实际上，不管是什么东西，凡是能咬嚼的都没能幸免。它们吃掉了佩罗的一双鹿皮靴，吃掉了好几截皮缰绳，还把弗朗索瓦的皮鞭梢吃掉两英尺。他沮丧地盯着皮鞭看了半晌，终于回过神来去看他那些受了伤的狗。

"啊呀，伙计们，"他轻声说，"没准你们都会变成疯狗呢，咬了这么些伤口。没准都会变成疯狗，天哪！你看会不，哎，佩罗？"

信差摇摇头，不敢肯定。这儿离道森①还有四百英里的路程，要是这些狗得了疯病，那他可就赔惨了。他不停地咒天骂地，足足弄了两个钟头，才把绳具结好，受了重创的队伍终于又跌跌撞撞地上路了，痛苦地挣扎在他们未曾遇到的最艰难的路途上，也是横在他们和道森之间最艰难的一段路途。

三十英里长的河流宽阔的河面水流汹涌，根本没有封冻，只有水涡处和河面平缓的地方才有些零零星星冻结的冰面。得花上六天工夫艰苦跋涉，才能走完这可怕的三十英里路。这段路的确可怕，人和狗每走一步都要冒生命危险。佩罗拿着一根长木杆走在前面探路，有十几次踩碎了浮冰，掉进了水里，亏得有长杆架在冰窟窿上才得救。但是偏偏这时又有寒潮，气温降到了零下五十几度，所以每次他落水爬上来后，就得立刻生火烤干衣服，不然非冻死不可。

什么也吓不倒他。正因为什么也吓不倒他，政府才

----

① 道森，现加拿大西北部一城市。

挑了他来执行信差的使命。他甘冒各种风险，在冰天雪地的严寒中，他那一张布满皱纹的小脸，坚定不移地朝向前方。他天天摸黑起身，一直劳累到夜里。他沿着曲折的河岸走在岸边冰面上，脚一踩在上面冰就下陷裂缝，他们一下都不敢停留。一次，雪橇压塌了冰，掉进了水里，戴夫和巴克也一块儿落水了。他们被拉上来的时候，都冻成了冰棍儿，险些淹死。按老办法，要生火烤上半天才能救活他们。他们身上像穿衣服一样严严实实地结了一层硬冰，佩罗和弗朗索瓦赶着他俩绕着火堆不停地跑，离火太近，老有燎毛的味道飘散出来，就这样一直跑到出了汗，身上结的冰也慢慢融化掉才罢休。

另一次，斯皮兹掉水里了，一直把后面的队员全都拖了下去，眼看就要把巴克也拖下去了，这时巴克用尽全身力气往后撑，前爪就撑在滑溜溜的断冰边缘，压得四周的冰面噼噼啪啪地颤动。但他后面是戴夫，也像他一样拼命往后撑，再往后就是雪橇，雪橇后面是弗朗索瓦，只见他使出吃奶的力气往后拽雪橇，直到再也拽不住了才罢休。

还有一次，盖满霜雪的冰面在他们前面和后面塌了一大片，他们没有退路，除非能攀上悬崖。佩罗奇迹般地爬上了绝壁，而弗朗索瓦一心企盼的就是这种奇迹；他们把每根皮带、每截皮鞭以及所有的缰绳都用上，拧成一根长长的绳索，把狗一条接着一条吊上了崖顶。弗朗索瓦等雪橇和货物都拉上去以后，才最后一个上来。上是上来了，但是还得找个地方下去，最后还是靠绳索拉着慢慢下去，直弄到夜里，才又回到河面上，结果一天才走了四分之一英里的路程。

等到走上胡特林那段结实的冰面时，巴克已经是筋疲力尽了，别的狗也和他差不多。但是佩罗为把损失的时间补回来，硬是催着大家起早贪黑地赶路。第一天走了三十五英里，抵达大鲑鱼河；第二天又是三十五英里，来到小鲑鱼河；而第三天一口气走了四十英里，眼看就要到手指山了。

巴克的脚不像爱斯基摩狗的脚那么坚硬。他的远祖曾是野生的，后来经穴居人和大河流域居住的人驯化，无数代过后，脚都变软了。他整天忍着疼痛一瘸一拐地走路，一熬到宿营便扑倒在地，像条死狗。尽管肚子饿，可他连起来吃他那份鱼的劲儿也没有了，弗朗索瓦只好亲自把鱼送到他跟前来。每天晚饭后，弗朗索瓦还要花上半个钟头给巴克揉脚，还用自己的鹿皮靴帮子给巴克做了四只皮鞋。这下可大大减轻了巴克的痛苦。一天早上，弗朗索瓦忘了给巴克穿鞋，巴克便仰躺在地上，四脚朝天乱蹬着，赖着不起。见此情景，连佩罗那张满是皱褶的脸上都咧开一个笑容来。后来，巴克的脚在路途上磨练得越来越坚硬了，才把四只穿破的鞋子扔掉。

一天早上，他们正在佩利河口忙着套绳具，一向默默无闻的多利突然疯了。她猛地发出一声尖厉的长嗥，听得大伙毛骨悚然，知道她是疯了。接下来，她便径直扑向巴克。巴克从来没有见过疯狗，所以也就不知道害怕；不过他还是看出眼下这情形很可怕，不由得一阵惊恐，掉头就逃。他拼命向前飞奔，身后多利和他保持着一跳可及的距离，狂追不已，跑得上气不接下气，嘴里淌出白沫。多利追不上巴克，因为巴克太恐惧了，跑得飞快；可是巴克也甩不掉多利，因为多利疯得太厉害，穷追不舍。巴克逃进了小岛顶部的一片树丛里，又冲下来逃向低洼的岛边，越过一道布满冰凌的小河沟，逃到另一座小岛上，一连跑过三座小岛后，又绕回了主河道，绝望中不顾一切地向对岸逃去。他只顾奔逃，一下也没有回头张望，但还是能听见多利在自己身后仅一步之遥，咆哮不止。弗朗索瓦在离他四分之一英里处朝他高声吆喝，他于是掉头折返回来，依旧是仅仅领先一步，喘得十分难受，上气不接下气，把全部希望都寄托在弗朗索瓦身上，就靠他来搭救了。只见弗朗索瓦手持斧头，就在巴克像箭一样冲过他身边的一刹那，斧头就劈在疯狗多利脑袋上。

巴克累得筋疲力尽，靠在雪橇上呜呜叫着，拼命喘气，显出束手无策的样子。斯皮兹见机会来了，猛地扑向巴克，接连两次用尖牙深深咬进无力抵抗的对手的皮肉中，撕得皮开肉绽，露出了骨头。这时弗朗索瓦的皮鞭落下来，巴克满意地看着斯皮兹挨鞭子抽，以前谁都没有领教过这么重的鞭打。

"斯皮兹，这凶神恶煞，"佩罗说，"没准哪天他会咬死巴克。"

"巴克比他凶恶两倍，"弗朗索瓦反驳道，"我一直注意着哩，我心里清楚。听我说：有朝一日他发起疯来，会把斯皮兹整个儿撕开嚼碎，吐到雪地上。我敢肯定，我清楚。"

打那以后，巴克和斯皮兹之间就一直处于战争状态。斯皮兹作为领头狗和公认的狗队首领，感觉到自己至高无上的权力受到了这只陌生南方狗的威胁。就他见过的南方狗而言，没有一只能习惯宿营和拉橇。它们统统都太软弱，都因为苦役、寒冷和饥饿很快就死掉了。巴克却是个例外。就他挺过来了，而且还发展得蛮不错，无论力气、凶残还是狡诈，都敢跟爱斯基摩狗媲美。而且这家伙天生就是那种领头的狗。有件事让他变得十分危险，那就是穿红毛衣那家伙曾用大棒，把他称王称霸的野心之中所含有的鲁莽和轻率，全给打掉了，使他变得无比狡猾，能以具有原始特性的耐性，等待自己的时机。

争夺领导权的冲突终究会到来，这是不可避免的。巴克巴不得冲突早点儿来到。他盼望冲突，因为这是他的天性，因为在冰天雪地拉雪橇的那种不可名状的、无法琢磨的自豪感，牢牢地控制了他——正是这种自豪感让所有的狗整日劳作，直到最后一息，让他们拉橇不止，以死为荣，让他们一旦无缘拉橇便觉得肝胆欲裂。这种自豪感支持着戴夫驾辕，支持着索尔莱克斯使足力气拉橇；这种自豪感从他们一拔营上路之时便始终左右着他们，于是一帮暴躁乖戾的野兽，就变成了一队充满生气、活跃积极、热情澎湃的生灵；这种自豪感使他们白天精力充沛，而一到夜里扎营的时候，却从他们身上悄悄退去，他们便又回到那种沮丧不安、无法满足的状态中。这种自豪感支持着斯皮兹监视其他拉橇的狗，一旦哪个犯错、偷懒，或是早上套绳时躲起来不露面，立即给一顿教训。也正是这种自豪感，让他对巴克心怀畏惧，因为他明白巴克有可能成为领头狗。而这倒也让巴克感到自豪。

巴克公然威胁对手的领导地位。斯皮兹要对偷懒的家伙实施惩罚，而巴克偏要从中作梗，而且是故意这么做的。一天夜里下了大雪，早上集合时一贯装病的派克不露面。他肯定是藏在一英尺厚的雪底下自己的窝里睡懒觉。弗朗索瓦大声吆喝着找他，他也不出来。斯皮兹气疯了，疯狂地满营地寻找，又是嗅又是挖，把每一个可疑的地方都找了个遍，一边找一边咆哮，那叫声可怕极了，吓得派克在藏身的地方直发抖。

但是，当斯皮兹终于把派克挖出来并扑过去准备实施惩罚的时候，巴克也同样愤怒地扑到他俩之间。这情况来得太突然了，干得太狡猾了，把斯皮兹撞得弹了回去，一个趔趄倒在了地上。派克本来惨兮兮地不停发抖，一见有伙伴站在自己一边公然反抗，立刻壮起胆来扑向被撞翻在地的首领。巴克这时早把公平规则忘到了九霄云外，也趁势扑到斯皮兹身上。弗朗索瓦见此情景，禁不住嘿嘿笑了几声，但他还是扬起了手中的皮鞭主持公道，使出浑身力气，啪的一鞭抽在巴克身上。这一鞭并没有把巴克从被他压在身下的对手身上抽开，急得弗朗索瓦用鞭杆猛打巴克。这当头一击打得巴克直发懵，不由得向后退去，随即一鞭接着一鞭抽打在他身上，与此同时，斯皮兹把屡次犯上作乱的派克狠狠修理了一顿。

在后来的日子里，眼看着离道森越来越近了，巴克还是不断干预斯皮兹和犯错误的狗之间的事；但是他干得很巧妙，总是趁弗朗索瓦不在跟前的时候下手。由于巴克暗中策反，很快大家就都不听管教了，反抗的风气与日俱增。戴夫和索尔莱克斯对这事倒是无动于衷，可是队里其他的狗都变得越来越不像话了。一切都乱了套，明争暗斗，战火不断，随时都可能出乱子。而这一切统统都是巴克搞的鬼。他让弗朗索瓦一直放心不下，因为弗朗索瓦老害怕这两个家伙迟早会动真格，不拼个你死我活就不肯罢休；有多少个夜晚，一听见别的狗打架，他就赶紧起身，生怕巴克和斯皮兹也乘机打斗。

但是一直没有出现好机会，在一个阴沉沉的下午，他们终于抵达了道森，那场生死大战依然在等待时机。这地方人来人往，熙熙攘攘，狗也多得不计其数，巴克发现这些狗都在干活儿，仿佛狗命里注定就是要干活儿的。一天从早到晚，满大街上长长的狗队来来往往，到夜里还一直能听见狗队经过时响起的铃铛声。他们拉的是盖房子用的木料和取暖用的木柴，都是运到矿上去的，在圣克拉拉谷这都是马才干的活儿。巴克随处都能遇到南方来的狗，不过基本上都是些爱斯基摩狼狗。每天夜里一到九点、十二点、三点，他们就引吭高歌，唱出一支夜曲，声调怪异而奇特，巴克很愿意和他们一块儿嚎。

头顶上，北极光闪烁着寒冷的光芒，星星在跳跃，雪花翩翩飞舞，冰雪覆盖的大地僵冷麻木，爱斯基摩狗的这种歌声也许是对生命的挑战，只不过调子悲凄了些，哭腔哭调，拖得很长，更像是对生命的哀叹，道出了生存的艰辛。这是一首古老的歌，像这个族类一样古老——是自远祖时期就开始传唱的一首歌，那时唯有悲歌。歌中饱含世世代代先祖们的痛苦哀叹，不知怎的，这种痛苦哀叹感动了巴克。巴克悲哀地嗥叫时，叫声里也充满生活的悲哀，正是他那没有驯化的先祖们曾体验过的悲哀。寒冷、黑暗带给他恐惧和神秘之感，同样也曾带给先祖们恐惧和神秘之感。这首歌既然引起他的共鸣，就说明他已经发生了根本变化，无数代以来一直过着有屋子住、有火炉取暖的生活，如今他从这种生活又倒退回了原初的状态。

抵达道森七天后，他们沿着加拿大西北骑警大本营附近陡峭的山坡，走上了育空雪道，直奔迪亚、盐湖。佩罗要带回去的公文好像比他带来的那些还要紧急；另外，他心里充满了冒险旅行的豪情，一心打算创下年度旅行之最的纪录。关于这事，他倒是有几个有利的条件。休息了一个礼拜，狗都恢复了元气，状态极好。他们在雪地踩出的路，后来陆续又有狗队踩得结结实实的。而且沿路上警察还设了两三处给养站，供应人吃的和喂狗的食物，于是他们便轻装上路了。

头一天他们一口气跑了五十英里路，来到了六十英里河。第二天便越过育空河，直奔佩利。不过，取得这么辉煌的业绩，也让弗朗索瓦饱受了烦恼之苦。巴克领头闹事，蓄谋反叛，破坏了狗队的团结。队伍远不像原先那样劲往一处使，齐心协力拉橇。巴克唆使大伙儿造反，大伙儿便要起各种小花招来。斯皮兹不再是大家敬畏的首领了，原来的畏惧消失了，如今个个都敢公然蔑视他的权威。一天夜里，派克抢了他半条鱼，在巴克保护下，囫囵吞了下去。又一天夜里，杜布和乔一起出手，跟斯皮兹打了一架，使他放弃了本该对他们进行的惩罚。就连和事佬比利也不甘示弱，不像以前那样发出息事宁人的呜呜叫声了。巴克只要经过斯皮兹身边，总要龇牙咧嘴、竖起鬃毛，发出威胁的咆哮。实际上，他的所作所为近乎横行霸道了，他还老在斯皮兹面前趾高气扬、高视阔步。

规矩乱了，狗与狗之间的关系也受到了影响，彼此动不动就打闹，打得越来越凶。搞得营地里鬼哭狼嚎，简直成了疯人院。唯独戴夫和索尔莱克斯能沉得住气，对这一切无动于衷，不过毕竟也给这无休止的争吵折腾得心烦意乱。弗朗索瓦看见这光景，气得指天骂地，在雪地里顿足捶胸，还扯自己的头发，这都根本不管用。他还把鞭子甩得啪啪响，也没什么用。

刚一转身，这帮家伙就会在他身后捣乱。他用皮鞭替斯皮兹撑腰，而巴克私下里给别的狗打气。弗朗索瓦知道搞成这个样子都是巴克暗地里搞的鬼，巴克也明白弗朗索瓦对他的伎俩心知肚明，但是巴克精明得很，决不会让他当场逮个正着。他干活儿很卖力，任劳任怨地拉橇，因为干活儿已经成了他的一种乐趣；但是暗中煽风点火，挑动同伴们彼此争斗，搅乱绳具，这对他来说是一种更大的乐趣。

一天夜里，在塔基纳河口吃过晚饭后，杜布发现了一只雪靴兔，他笨头笨脑地瞎扑了半天，硬是没有抓住。霎时间所有的狗全都出动，围追堵截。一百码以外是西北骑警大本营，养着五十多条狗，都是爱斯基摩狗，这时闻风而动，一起加入了这场追逐。野兔沿着河拼命逃窜，拐进了一条小溪流，在冻结的冰面上飞快地奔逃。野兔在冰面的积雪上跑得很轻快，而狗却深一脚浅一脚的，跑得很费劲。巴克率领一支由六十条狗组成的追捕队，浩浩荡荡，绕过来绕过去，就是追不上。在朦胧的月光下，只见巴克跑起来紧贴地面，身姿矫健，起伏有致，嘴里还急切地呜呜叫唤。野兔也是一跳一跳的，仿佛一个白雪幽灵，在前方若隐若现。

这种行为完全是出于一种古老的本能，它会定期出现，驱使人们离开喧嚣的城市，去往森林和原野，用火药推进的子弹屠杀生灵。而这种嗜血的欲望、杀戮的喜悦——这一切对巴克而言是与生俱来的，就是他熟悉的谋生本领。他一直奔跑在群狗之首，一心要追上那只野兔，那是活蹦乱跳的肉，他要用自己的利齿咬死它，要体验以热血洗面的快感。

生命的顶峰是以一种狂喜为标志的，它是生命不能超越的。这是一个生存的悖论：这种狂喜在生命最是活跃的时期到来，到来之时，生命却全然处于一种忘却自身的状态。这种狂喜，这种对生命自身的忘却，发生于艺术家身上，是他沉迷于一片激情的烈焰之中而超然忘我之际；发生于士兵身上，是他战场拼杀而毫无恻隐之时；发生于巴克身上，是他引领群狗发出远祖的狼嗥，奋力追逐月光下逃窜的鲜活野味的时候。他叫出的是本性深处的回响，而他本性中那深不可测之处，超越了他自身，一直回溯到生命的源头。一种无形的力量完全控制了他，那是纯粹的生命涌动，是生存的波澜，是每块肌肉、每个关节、每条筋腱协调活动，是除了死亡之外的一切，是兴奋热烈的运动，是在星空之下的宁静白雪上面的欢快飞奔，是这一切所带来的无限快感。

但是，老谋深算的斯皮兹即使在最兴奋的时刻，仍能保持异常冷静。他离开狗队，从一个河湾处抄近路插过去。巴克没料到这一手，他沿着河湾跑过来时，那只野兔还一直幽灵似的在他眼前飞奔。突然眼前一闪，一只更大的幽灵蓦地一下从突兀的岸崖上飞身跃下，挡住了雪兔的去路。这更大的幽灵便是斯皮兹。雪兔要掉头可是来不及了，它在半空中被雪白的牙齿咔嚓一声咬断了脊梁骨，发出一声凄厉的尖叫，仿佛人突遭袭击似的。那是生命从顶峰跌到低谷时发出的声音。一听到这叫声，巴克身后的那帮狗齐声欢叫，合唱般地庆贺胜利。

巴克没出声，也没有停下来，而是加快速度朝斯皮兹冲过去。遗憾的是冲得太猛，竟和斯皮兹撞肩而过，却没有咬住对手的喉咙。他俩在粉白的雪地上一连打了几个滚，而斯皮兹像没事似的一骨碌站起来，一口咬破了巴克的肩膀，随后便跳开了。他往后撤，站稳脚跟后，恶狠狠地咔咔咬了两回牙，就像捕兽夹的两片钢夹子一样，还把薄嘴唇往上收缩，龇牙咧嘴地咆哮着。

巴克蓦地明白了，时候到了，这便是那决一死战的时刻。他俩倒伏着耳朵，绕圈对峙，咆哮恐吓，机敏地寻找战机。巴克感到这场面似曾相识。仿佛他记得一切——那白茫茫的森林、大地、月光，还有那战斗的兴奋。一种幽灵般可怕的寂静，笼罩着这片白皑皑的死寂世界。四下里没有一丝风——万籁俱寂，连树叶都纹丝不动，唯有狗呼出的气息在缓缓上升，飘荡在寒冷的空气中。狗群三口两口就把雪靴兔连骨头带皮吃掉了，这帮家伙都是些没有驯化的狼。此刻他们渐渐围拢起来，期待着发生什么。大家都默不作声，唯见眼睛闪闪发光，呼出的气息冉冉升腾。对于巴克来说，这情景自古以来就是如此，没什么新奇，也不陌生，仿佛是事物常理，本来就该是这般模样。

斯皮兹毕竟是个老练的斗士。他从斯匹次卑尔根岛来，跨过北极，穿越加拿大和北方荒原，什么样的狗他都见识过，而且都把他们教训得服服帖帖。他哪怕是怒火中烧也决不轻举妄动。他渴望撕咬，渴望毁灭，同时他也不会忘记自己的敌人也同样渴望撕咬，渴望毁灭。所以，如果没有对敌人的进攻做好充分的防御，他决不率先发动攻击。

巴克看中了这条大白狗的脖子，不顾一切地猛咬，但却徒劳无功。虽然他瞅中了下口部位，可是一旦去咬却总是受到斯皮兹牙齿的阻挡，发出犬牙碰撞的咔咔声。结果嘴巴破裂，鲜血直流，也没有突破敌人的防守。直把他气得火冒三丈，疯狂地绕着斯皮兹连续发起猛烈进攻。他一次又一次朝斯皮兹那雪白的脖子猛咬，因为那地方是生命的咽喉，可是每次都被斯皮兹逃脱了，还被反咬了一口。紧接着巴克佯装进攻，看似要咬斯皮兹的喉咙，却猛地缩回脑袋，从侧面绕过去，用肩膀猛撞斯皮兹的肩膀，打算把对手撞倒。结果却事与愿违，每次进攻，斯皮兹都轻而易举地一跳便避开了，还反把巴克的肩膀咬破了一道口子。

斯皮兹毫发无损，而巴克却鲜血淋漓，喘个不停。战斗逐渐升级，已经到了你死我活的程度。整个过程中，围成一圈观战的狗，仿佛一群野狼似的，默默地等待着，不管他俩哪个先倒下去，立刻就会被这帮家伙消灭。巴克累得几乎喘不过气来，这时斯皮兹开始还击了，一阵猛扑，险些把巴克扑倒。一次，巴克被撞得栽了个跟头，围成一圈观战的六十来条狗一起站直了身子。但是，巴克几乎还没等身子挨地，就如鹞子翻身般站立起来。于是一圈围观的狗又纷纷退出去继续等待。

然而，巴克具有一种出类拔萃的品质——想象力。他战斗一方面凭本能，另一方面也靠头脑。他嗖地一扑，好像又在故技重演，正面撞对方的肩膀，眼看就要撞上，却一低头把嘴插进雪里。他的牙齿咬住了斯皮兹的左前腿。只听咔嚓一声，腿骨碎了，斯皮兹这时只能用三条腿支撑身体继续战斗。巴克试图把对手撞倒，连试三次不成，就又如法炮制，将对手的右前腿也咬断了。斯皮兹尽管疼痛不堪，身处绝境，却依旧拼死挣扎，坚持战斗。眼看着观战的狗群默默地朝自己围拢来，个个都耷拉着舌头，眼珠子闪闪烁烁，吐出的白气飘然升腾，和他过去看到的无数类似情景一样，但那都是他的手下败将被围起来。而这一回吃败仗的却是他自己。

他气数已尽了。而巴克此时心如铁石，怜悯之心只能用在气候温和的地带。巴克摆好架势，预备发起最后一次冲锋。圈子越收越紧，巴克感到在自己左右两边，爱斯基摩狗的呼吸都清晰可感。他看得出，狗群都围在了斯皮兹身后和两侧，摆好了半蹲的姿势，做好了朝斯皮兹扑过去的准备，所有的眼珠子都盯在斯皮兹身上。忽然，一切都停顿下来，每一条狗都仿佛成了泥塑石雕似的纹丝不动。唯独斯皮兹在发抖，恐惧得鬃毛倒竖，踉踉跄跄前后摇晃，一面发出令人毛骨悚然的咆哮声，仿佛要吓退近在咫尺的死神。接着，巴克发起了最后的冲击，扑上去的那一刹那，自己的肩膀终于与斯皮兹的肩膀正面相撞，撞完之后他扭身便撤。在洒满月光的雪地上，黑黑的一个圈收成了一个点，斯皮兹从视野中消失了。巴克站立在一边观看狗群打扫战场，在野性争雄的战斗中杀死对手，大有胜者为王的豪迈。

第四章　胜者为王

"你瞧，我说什么来着？一点儿都没说错，我说过巴克是个双料的恶鬼。"

这是第二天早上弗朗索瓦说的。天一亮他就发现斯皮兹不见了，却见巴克遍体鳞伤。他把巴克牵到火边，在火光下查看一道道伤口。

"斯皮兹那小子这回是玩了命了。"佩罗说，一边查看那一道道翻开的伤口。

"可这小子巴克是加倍玩命了。"弗朗索瓦答道，"这下咱可以好好赶路了。没了斯皮兹，也就肯定再也没有麻烦了。"

佩罗把宿营用具收拾起来，装上雪橇，弗朗索瓦给狗套上拉橇的绳具。巴克跑到原来由斯皮兹占据的首领位置。可是弗朗索瓦并没有注意到他，而是把索尔莱克斯牵了过来，安排在那个令巴克垂涎的位置。弗朗索瓦认为现在最好的领头狗就是索尔莱克斯了。巴克勃然大怒，扑向索尔莱克斯，把他撵回原来的位置。

"哟，嗬！"弗朗索瓦乐得忍俊不禁，拍着大腿叫了起来，"瞧瞧巴克这小子，咬死了斯皮兹，就以为这个位置是他的了。"

"走开，滚！"他大声喝道。可是巴克不肯挪步。

弗朗索瓦一把抓住巴克的后颈脖，不管巴克发出威胁的咆哮，还是拖开巴克，换上了索尔莱克斯。可是这条老狗并不喜欢这么干，明显表示出他惧怕巴克。可是弗朗索瓦却非要他这么干不可，但他刚一转身，巴克便赶走了索尔莱克斯，而索尔莱克斯正巴不得离开那个是非之地呢。

弗朗索瓦忍不住发了火："奶奶的，看老子怎么收拾你！"一边叫骂，一边抄起一根粗大的木棒。

巴克想起了那个穿红毛衣的人，就慢慢往后退去。索尔莱克斯再一次被牵了过来，这一回巴克并没有企图扑过去，却在大棒正好够不着他的地方绕过来绕过去，恶狠狠地发出咆哮，一边转悠，一边盯着大棒，一见弗朗索瓦挥起大棒，他就能立刻抽身躲避，这大棒的滋味他仍记忆犹新。

弗朗索瓦一边忙着套雪橇上的绳具，一边吆喝巴克，打算把他套在戴夫前面的那个老位置上。巴克倒退了两三步，弗朗索瓦跟着走了两三步，巴克接着又往后退。就这么僵持了一阵子，弗朗索瓦以为巴克是害怕挨打，便扔掉了手中的大棒。然而巴克公然起来造反，并不是因为害怕那根大棒，他想要的是领头狗的地位。他认为自己有权得到这个地位，那是他自己挣来的。要是得不到，他决不肯善罢甘休。

佩罗跑来帮忙。他俩围追堵截，折腾了大半个钟头，却徒劳无功。巴克灵敏地躲闪，棒子根本打不着他。两人就用粗言秽语咒骂他，把他十八代祖宗都骂了，还把他未来所有的子孙都骂了个遍，这还不够，连他身上的每根毛发、血管里的每一滴血全都骂到了。而巴克对这些咒骂统统报以恶狠狠的咆哮，并且让他们够不着自己。他并不打算逃之夭夭，只是绕着营地和两人玩捉迷藏，明确无误地表示，只要他们肯满足他的要求，他就会向两人俯首称臣。

弗朗索瓦一屁股坐在地上，急得直抓头皮。佩罗看了看表，仍破口骂娘。时间过得飞快，本来这时辰他们已该上路一个钟头了。弗朗索瓦又挠了挠头皮，摇摇脑袋，无可奈何地冲佩罗笑了笑。佩罗耸了一下肩膀，表示他俩认输。于是弗朗索瓦走到索尔莱克斯站着的地方，吆喝巴克过来，巴克一听便喜形于色，但却站在原地没动。弗朗索瓦松开了索尔莱克斯的绳具，把他牵回原来的位置上套好。狗队全都套好，整整齐齐准备上路了。除了前头那个位置，再没有别的地方给巴克了。弗朗索瓦又吆喝了巴克一声，而巴克又笑了笑，却依旧站在原地没挪动。

"扔掉棒子！"佩罗喝道。

弗朗索瓦刚把棒子丢开，巴克便带着胜利的喜悦神情跑了过来，当仁不让地占据了狗队首领的位置。他的绳具很快拴好了，雪橇随即启动，两个人跟着雪橇跑着，队伍上了沿河雪道全速奔驰。

弗朗索瓦早对巴克有很高评价，说巴克是个双料的恶鬼，而这会儿还没到中午，他就已经发现，他还是低估了巴克。他勇夺领导职位，承担领导职责，在需要做出判断并迅速思考和行动方面，他的表现完全在斯皮兹之上。而能与斯皮兹匹敌的狗，弗朗索瓦在这之前还从来没有见到过。

巴克发号施令，并使部下一律服从，在这方面他比前任做得更好。戴夫和索尔莱克斯毫不关心更换首领一事。这事似乎与他俩无关，他俩要做的就是出力拉橇，拼命在雪道上奔跑。只要这事还是照常进行，不受到影响，至于发生了什么，他们一点儿都不在乎。哪怕好脾气的比利当了首领，他俩也不在乎，只要前者能维持狗队的秩序。然而队伍里其他成员在斯皮兹生前最后几天，都变得不那么安分了，如今他们都吃惊不小，因为巴克把他们这些成员统统管束得服服帖帖。

紧跟在巴克身后拉橇的是派克，要是不逼他，他从来不肯多出哪怕一两的力气往前拉。他因为懒散，多次被巴克猛拽猛扯；结果头一天还没过去，他拉橇出的气力就超过了以往任何时候。头一天宿营时，性情乖戾的乔就被彻底收拾了一顿——这是连斯皮兹都从未实现过的夙愿。巴克凭着他优越的体重，把乔压得喘不上气来，就这样便轻而易举地把乔修理得不敢再胡闹，呜呜哭叫着连声讨饶。

经过这样整顿，队伍很快恢复了往日的队风，恢复了往日的团结，拉橇奔驰在雪道上，步调一致，上下一心。行经溜坷滍时，名叫蒂克和库纳的两条爱斯基摩狗加入了他们的行列；巴克立马将他俩制服收编，其速度之快，令弗朗索瓦倒抽了一口冷气。

"有这么条狗，这可是破天荒头一遭啊！"他叫出了声，"头一遭啊！这小子值一千块，奶奶的！你说呢，佩罗？"

佩罗点了点头。他已经看到行驶速度刷新了纪录，而且还在逐日刷新。这条雪道的状况极好，路面压得平展展的，而且很瓷实，正好也没有再下雪。天不算太冷，气温降到零下五十度后，一路上再也没有降低。

两个人一个驾橇，一个跟着橇跑，一路轮换。狗队一路猛冲，很少停歇。

　　三十英里河上结了一层冰，他们只用了一天就把来时走了十天的这段路程跑完了。队伍一口气跑了六十英里，从拉贝日湖岸一直跑到白马湍。穿越马什湖、塔基什湖、班尼特湖（接连七十英里的湖区），速度快得惊人。两个人轮流驾橇，轮到谁跟着跑，谁就会被甩在雪橇后面，让一根绳子拉着跑。第二个礼拜的最后一天夜里，队伍出了白岭关，一路下坡直奔海边，俯视着斯卡威的灯光和停泊在那里的船只发出的点点灯火。

　　这一趟创下了新纪录。跑了十四天，每天平均跑四十英里。接下来的三天里，佩罗和弗朗索瓦在斯卡威大街上高视阔步，走来走去，人们争着请他俩喝酒，狗队周围常常聚起一群驯狗人和赶橇人，他们满怀敬意地品头论足。后来有三四个西部恶棍企图洗劫小镇，结果被枪弹打成了筛子，这才转移了大家的兴趣，去注意别的偶像。紧接着当局的命令下来了。弗朗索瓦把巴克招呼到身边，张开双臂搂住他，难过地哭了。那是他最后一次见弗朗索瓦和佩罗。就像其他人一样，他们从巴克的生活中消失了，一去不复返了。

　　一个有一半苏格兰血统的混血儿接管了巴克和队

友，他们加入了另外十几条狗组成的队列，结伴出发，又踏上了去往道森的沉闷旅途。这一次拉的东西可不轻，不可能创纪录，每天都要做沉重的苦役，拖拉身后那满载的雪橇。这是一支送邮件的雪橇队，是要把来自世界各地的话送给那些正在昏暗的北极寻金子的人们。

巴克不喜欢这趟差事，但还是打起精神尽自己的本分。学着戴夫和索尔莱克斯的样儿，好像以劳作为光荣似的，一方面还敦促队友各尽其职，不管他们是不是也感到光荣。拉橇的生活十分单调，就像机器运转一样周而复始，每天几乎都是一模一样。每天清晨，伙夫准时起来生火做饭，然后大家一块儿吃早饭。吃完早饭，有的人打点帐篷，有的人把狗套上绳具。上路后差不多要过一个钟点，天才会蒙蒙亮。到了夜里，则是安营扎寨，有支帐篷的，有砍柴火的，有砍松枝来搭铺的，也有帮伙夫凿冰取水的。狗也需要有人喂食。对狗来说，这可是一天中的头等大事。当然，吃完了鱼，和队里其他狗逛上个把小时，感觉也很爽。不过，狗加在一块儿有一百来条，其中不乏凶猛之辈。然而与最凶猛的较量了三回之后，巴克就确立了自己的霸主地位，所以他只要鬃毛一竖，犬牙一龇，别的狗就避之唯恐不及了。

也许他最喜欢做的事，莫过于卧在火堆附近，前腿伸展，后腿缩在身子底下，仰起脑袋对着火苗，睡意蒙眬地眨巴着眼睛。有时候他会想起阳光普照的圣克拉拉谷的那座大宅子，就是那座米勒法官府，想起那个水泥砌的游泳池，想起那条墨西哥种的无毛狗伊萨贝尔，还有那条日本哈巴狗图兹。不过，常常想起的，还是那个穿红毛衣的人，是卷毛之死，是与斯皮兹的那场殊死搏斗，是曾经吃过的和渴望吃到的那些好东西。他并没有怎么想家。那片阳光普照的大地是那样的模糊而遥远，这些记忆对他根本没有支配作用了。对他有强烈影响的是遗传的记忆，这使他对自己从来没有见过的事感到似曾相识；早在祖辈中就已丧失的、后来他又丧失掉的本能（对祖先的记忆形成的一种习惯）在他身上再度苏醒，渐渐复活了。

有时候，他卧在那里，对着火苗睡意蒙眬地眨巴着眼睛，蒙眬中仿佛这堆火来自另一个时代，旁边那个人也不是混血儿伙夫，而是另一个人，腿短胳膊长，肌肉不是那么滚圆丰满，而是青筋凸起，疙疙瘩瘩。这人的长头发又脏又乱，纠缠在一起，额头自眉毛起便向后倾斜。他发出的声音很怪，仿佛特别害怕黑暗似的，不停地向黑暗中窥视着。他的手臂垂到了膝盖以下，手里攥着一根长木棍，棍子尖上拴着一块沉甸甸的石头。他差不多是赤身裸体，只是在后背上挂了一块烤焦的兽皮，不过他身上的毛很浓。胸脯上、肩膀上、胳膊和大腿外侧都长满了毛，几乎和野兽毛一样浓。他不是直直地站立，而是屈着腰向前倾，膝盖老是弯曲着。他身上有一种相当特别的弹性或弹力，像猫似的，特别警觉，持续生活在看得见和看不见的危险中的人，才会有这种警觉。

　　这个浑身长毛的人也有睡觉的时候，不过也还是蹲坐在火堆旁边，把头埋进两腿之间就能睡着。胳膊肘支在膝盖上，两手护着脑袋，仿佛这样就能用长满毛的两臂挡住雨似的。巴克能看到，在他背后，火光照不到的黑暗中，一对一对的火星子在闪烁，永远是一对一对的。他知道那是野兽的眼睛，还能听到野兽出没丛林时发出的嚓嚓声，以及它们骚动时发出的声响。在育空河畔，他常常眨巴着眼睛凝望火光，睡意蒙眬地遐思冥想。每当这时，那些来自另一个世界的声音，就会使他毛发倒竖，从脊背直到肩头脖颈。接着他就会压低声音呜咽悲泣，或低声咆哮。这时那个混血儿伙夫就会大声叫他："嗨，巴克！快醒醒！"他会立刻惊醒，那另一个世界登时不见了踪影，眼前是实实在在的世界。于是他如梦初醒似的站起身来，打个哈欠，伸个懒腰。

这一趟活儿干得很苦，每天拉着沉重的邮件艰难跋涉，大伙儿消耗了不少体力。抵达道森时，大家的体重都减轻了，身体状况很不好，要休息十天，最起码也得一礼拜，才能恢复过来。可是才过了两天，他们便离开了加拿大西北骑警大本营，沿育空河向下游进发，雪橇上满载着寄往外界的邮件。所有的狗都很疲惫，驾橇的人一路上不停地抱怨。还有更倒霉的事，天公不作美，大雪每天都下个不停。这意味着道路一直都是松软的，增加了雪橇滑板的阻力，队友们要花更大力气拉橇。虽然如此，驾橇的人还是蛮不错的，尽量照料大伙儿。

每天夜里，首先得到照料的是所有的狗。等到他们都吃完了，驾橇人自己才吃。每个驾橇人都要把自己的拉橇狗清点一遍，仔细查看他们的脚，然后自己才去睡觉。但是大伙儿的体力还是在下降。入冬以来，走过的路算起来有一千八百英里了，而且一路上都是拉着满载的雪橇。这一千八百英里的路程，就连最顽强的生命，怕是也吃不消的。巴克尽管疲惫不堪，但还是咬牙挺着，一边还敦促队友们努力，维持着全队的秩序。每天夜里，毫无例外地都能听见比利在睡梦中呜咽喊叫。乔变得更乖戾了。索尔莱克斯则根本不允许别的狗靠近他，不论是瞎了眼的那一侧，还是另一侧，都绝对不行。

不过最倒霉的是戴夫。不知是什么缘故，这家伙变得更郁闷，更容易发脾气了。晚上一扎营，他就立刻给自己做窝，驾橇人只好把吃的送到他跟前去。一卸下绳套他就躺倒，直到第二天早上套绳具的时候才肯爬起来。有时雪橇突然刹住，或者是突然启动，戴夫就会痛苦地大叫不止。驾橇人给他检查了一遍，但并没有发现什么。别的驾橇人也都对他这种怪病感到挺纳闷，吃饭的时候，睡觉前抽最后一袋烟的时候，大家都在谈论他。有天夜里，他们还专为他会诊了一次。大家把他从窝里抬到火旁，这儿压压，那儿捅捅。一直弄得他叫了好几回，大家这才停下来。病在内部，但是他们也没有摸到折断的骨头，究竟是什么毛病他们谁也搞不清。

到了卡西亚巴，戴夫已经虚弱得老跌跤。那个苏格兰混血儿把雪橇停住，给他卸下绳套，把旁边的索尔莱克斯套了上去。他是想让戴夫歇一歇，跟在雪橇后面跑就是了。戴夫虽然病了，可是眼看自己坚持了那么久的岗位换上了索尔莱克斯，忍不住伤心地呜咽起来。与雪道和绳具做伴，他一直感到光荣。哪怕病了死了，他也不能忍受自己的工作由别的狗来接替。

雪橇启动后，戴夫就在雪道旁边松软的雪里，跟跟跄跄地奔走，一边扑咬、撞击索尔莱克斯，恨不得把他撞到另一边的雪地里。他拼命要跳回到自己那个拉橇位置上去，不停地插到索尔莱克斯和雪橇之间。他不住地呜咽、悲号，心里悲痛至极。混血儿挥鞭抽他，想赶他走，可他根本不顾鞭打的疼痛，混血儿也不忍心再往狠里抽了。戴夫不肯跟在雪橇后面压平的雪道上轻轻松松地奔跑，而持续在十分难走的松软的雪里辗转挣扎，一直跑到筋疲力尽，倒了下来。他躺在倒下的地方，悲哀地望着长长的雪橇队列，长叫不止，眼睁睁看着雪橇一辆接着一辆从他身边驶过。

他使出浑身最后一点儿力气，跟在雪橇队后面蹒跚行走，一直跟到队伍又一次停下来休息。他跌跌撞撞走过一辆辆雪橇，找到自己的那一辆，在索尔莱克斯身旁停住了脚步。驾橇人正好去跟后面那个人借火点烟斗，在那儿待了一会儿。他一回来便驱狗上路，狗队猛地跑出去，却没有吃上劲，大家都纳闷地回过头来，惊讶地停住了脚步。驾橇人也大吃一惊，因为雪橇在原地动也没动。他把同伴都叫过来看这情形。原来戴夫把索尔莱克斯套着的两根拉绳都咬断了，径自站在他原来驾橇的位置上。

他用目光恳求主人让他留在这个位置上，弄得驾橇人竟不知如何是好。同伴们说，狗干的活儿即便能把他累死他也要干下去，可假如你不让他干，就会伤透他的心，他们还回忆起了曾经见过的一些例子。有些狗的确太老了，或者受了伤，不能再干活儿了，可是一卸了套，反而死了。他们认为应该行行好，反正戴夫是活不成了，不如就让他心满意足地死在自己的拉橇岗位上。于是又给他套上绳套，他又满心欢喜地像以往一样拉起了雪橇，但还是由于体内的伤痛禁不住叫了起来。有几次他倒了下去，被缰绳拖着走。一次雪橇从他身上压了过去，压瘸了他的一条后腿。

　　但他一直这样坚持到扎营时刻，驾橇人给他在火堆旁边安排了一个过夜的地方。第二天早上，发现他已经衰弱得上不了路了。套绳具的时候，他挣扎着要爬到驾橇人的身边去，尝试了好几次才晃晃悠悠地站立起来，蹒跚了没几步便摔倒了。接着他又慢慢地朝队友套绳具的地方爬去，每挪动几寸都很费力，只见他把两条前腿伸出去，然后身子一弓，拖着身子往前挪。他用尽了最后的力气，大伙最后一次瞧见他的模样，是他在雪地上躺着大口喘气，眼巴巴地望着队友。但是后来大伙儿还能听到他悲哀的号叫，直到他们穿过河边的一片林带，从他视野中消失。

　　雪橇队在这儿停住了。苏格兰混血儿缓步循原路回到了刚刚离开的营地。这时，驾橇人都停止说话了。

一声枪响传了过来。那人快步跑回来了。鞭声啪啪，随即响起一片悦耳的铃铛声，雪橇又行进在雪道上了。然而巴克心里明白，每条狗也都明白，在沿河林带那边发生了什么。

第五章　雪道苦役

　　盐湖邮队由巴克和同伴打头阵，离开道森三十天后，终于到了斯卡威。这时他们的状况十分悲惨，个个累得筋疲力尽。巴克的体重由原先的一百四十磅减到了一百一十五磅。队友们虽没有他那么大的体重，但比较而言，比他的减重还多。派克平生不知道装了多少次病，从前常常假装腿受了伤，还真能以假乱真，而现在倒真瘸了。索尔莱克斯也是一瘸一拐的，而杜布扭伤了肩胛骨，苦不堪言。

　　大家的脚都疼得要命，都失去了弹力，走路时沉沉的脚步僵硬地落在雪道上，震得浑身颤抖。这样奔走一天下来，疲劳是要加倍的。别的他们什么也不在乎，只是累得要命。一时用力过度引起的极度疲劳，休息几个钟头就恢复了；而这种疲劳大不一样，是一连数月的苦力慢慢耗尽了全部体力后的极度疲劳。连复原的力气也没有剩下，再也没有可用的体力了，连最后的一点点都挤干了。每一块肌肉、每一根筋腱、每一个细胞，都彻底疲乏了。当然这是有原因的。在不足五个月的时间里，他们居然跑了两千五百英里的路程，而在最后一千八百英里的路程上，他们总共才休息了五天。所以来到斯卡威的时候，他们显然已经抬不起脚来了，缰绳也拉不直了，下坡路上只能勉强躲开雪橇，不被压着。

"走呀，伤了脚的可怜虫们。"这时他们正步履蹒跚地走在斯卡威的大街上，驾橇人给他们鼓劲，"没有几步路好走了，接下来咱们要歇个够啦！哇哈，绝对没错，歇他个天昏地暗。"

驾橇人个个都一心指望着好好歇息一阵子。他们自己跑了一千二百英里，中间也才捞到两天休息，按情按理说起来，这回都该美美地放个长假，好好放松一下了。但是拥到克朗代克的人太多了，没有跟着来的情人、老婆、亲属又是那样的多，所以积压下来的邮件简直可以和阿尔卑斯山一比高下了，另外还有大量的官方公文。所以一批又一批精神饱满、体力充沛的狗正从哈得逊湾赶来，就要取代那些已经不能拉橇的狗了。那些不中用的狗就要被淘汰掉了，因为狗不如钱重要，所以要把他们卖掉。

三天过去了，这期间巴克和同伴们才真正感觉到他们是多么的疲乏。等到第四天早上，两个从美国来的人买下了他们，连拉橇的全套绳具一块儿买了，价钱便宜得跟白给似的。这两个人彼此称呼"哈尔""查尔斯"。查尔斯是个中年人，浅色皮肤，两只近视眼，总是湿漉漉的，留着一嘴胡子，又乱又硬，雄赳赳地向上翘着，掩盖住了两片耷拉着的松弛嘴唇。哈尔是个小伙子，约莫十九二十的模样，腰里扎一条皮带，别着科尔特左轮手枪，插着猎刀，还挂着鼓鼓囊囊的弹药带。他浑身上下就数这条皮带最招眼了，一看就知道是个毛头小伙子，那股嫩劲儿，简直没法说了。两人显然来的不是地方，他俩怎么会到这北部来冒险，这可是个难解之谜。

　　巴克听见了他们那一番讨价还价，还看到了他们拿出钱来交给了政府职员，他这才明白，那个苏格兰混血儿和那些邮队的驾橇人，在佩罗、弗朗索瓦和以前那些人之后，也相继从他生活中消失了。接下来巴克和队友们被赶到了新主人的营地，看到这地方乱七八糟、一片狼藉，帐篷半边耷拉下来，一大堆没有洗涮的碗盘，没有哪一处像点样子。巴克还看到了一个女人，两个男人管她叫"梅塞德斯"。这女人是查尔斯的老婆，是哈尔的姐姐——这一家可真够瞧的。

巴克看着他们拆帐篷，装雪橇，直替他们担心。看他们那样子倒是挺卖力的，可就是没个条理。帐篷卷得太笨了点儿，卷得那么松，足足卷粗了两倍。马口铁盘子用完连洗也不洗就装起来了。梅塞德斯跑过来跑过去的，不停地打搅男人们干活儿，嘴里还唠叨个不停，老出些馊主意。他们把一包衣服装在雪橇前面，可梅塞德斯说应该放在后面。他们又把那个包袱放在了后面，在上面又堆了几个包。这时她又发现少拿了几样东西，她说这些东西非得放进刚才那个衣服包里不可，于是他们又把放好的包袱一一卸了下来。

旁边帐篷里出来三个男的，站在一边观看，一边互相挤眉弄眼，做鬼脸。

"东西装得不少啊。"他们当中的一个说，"我本不该多管闲事，不过要是换了我，肯定不带那顶帐篷了。"

"亏你们想得出！"梅塞德斯大声说，一边以一种优雅的姿势扬起了双手，"没了帐篷你叫我在世上怎么过？"

"已经是春天了，不会再有冷天气了。"那人答道。

她果断地摇了摇头。这时，查尔斯和哈尔又在堆得像山一样的雪橇上堆了一些零七碎八的东西。

"你们觉得这雪橇还能走吗？"他们当中一个问道。

"怎么不能？"查尔斯没好气地反问道。

"哦，完全可以，完全可以。"那人连忙和气地说，"我刚才不过是说说罢了，你这橇看起来有点头重脚轻啊。"

查尔斯扭过身去，使劲把绳子勒紧，其实一点儿都没有勒紧。

"那群狗肯定能拖动这漂亮的雪橇，从早到晚拖着它跑。"又一个人肯定地说。

"当然喽。"哈尔说，态度冷淡但不失礼貌。他一手握橇杆，另一只手扬起了皮鞭。"走呀！"他喊道，"快走呀！"

狗群一跃而起，拉紧了绳套，使劲拖了几下，又松了劲。狗群拉不动这雪橇。

"懒畜牲，得给点颜色不可了！"他大声说，一边打算甩起皮鞭来抽他们。

梅塞德斯忍不住叫起来："哎，哈尔，这可不行。"一边就动手从哈尔手里夺走了鞭子。"这群可怜的小东西！你非得答应我不可，在往后的路程上不能对他们这么狠，要不我就一步也不走了。"

"你对狗还真是个内行哩。"她弟弟挖苦了一句，"你可别来管我。这都是些懒骨头，我告诉你吧，非用皮鞭抽他们不可，要不他们就不肯出力。这是他们的天性。不信你随便找个人问问，就从那几个里找一个问。"

梅塞德斯望着那几个人，目光中流露出恳求，漂亮的脸蛋上显出一种绝不愿意让狗受罪的意思。

"他们已经非常虚弱了，我告诉你吧。"他们当中的一个说，"完全累垮了，就这么回事。他们需要好好休息一阵子。"

"休息个屁！"哈尔说，他那两片上方没长胡子的嘴唇抽动了两下。梅塞德斯一听这句粗话忍不住发出"啊"的一声，心里又是气愤，又是难过。

但她毕竟不能胳膊肘往外拐，所以立刻就替她弟弟说话了。"别理那家伙，"她用刻薄的口气说，"这是咱的狗，你爱怎么办就怎么办好了。"

哈尔的皮鞭"啪"地又一次抽在狗儿们身上。他们立刻绷紧绳套，脚扎进已经踩瓷实了的雪地里，弓着身体，使出浑身力气猛拉。然而雪橇像生了根似的纹丝不动。试了两次之后，狗队又站在那里不动了，他们嘴里全都喘着粗气。皮鞭疯狂地呼啸着，梅塞德斯实在看不下去，再次出来干涉。她在巴克身边跪下来，含着泪水搂住了巴克的脖子。

"多可怜的宝贝呀，"她心一软便哭了，"你怎么不使劲儿拉呀？——使劲儿拉就用不着挨鞭子了。"巴克并不喜欢她，可是他现在太痛苦了，痛苦到无法拒绝她，就把这也当成了这一天受罪的一部分。

有个旁观的人，刚才一直紧闭嘴巴没说话，这会儿忍不住开口了：

　　"你们爱怎么样就怎么样，与我无关，我是看在这群狗的分上才管这个闲事的。你们只要先把雪橇挪动一下，就替这些狗解围了。雪橇的滑板都冻在雪地里了。向左向右使劲推橇杆，雪橇就松动了。"

　　接着又试了第三次，这一次哈尔倒是听了劝告，把冻在雪地里的滑板都弄松了。于是这超载的庞然大物向前挪动起来，巴克和同伴们冒着雨点般的皮鞭，拼命拖拉。前方一百码，小道转弯，接着下个陡坡，通到大街上。这可需要个有经验的驾橇把式，才能确保这头重脚轻的雪橇不会翻跟头。哈尔根本不是这样的好手。所以刚上了弯道，雪橇就翻了。本来绳子也没捆结实，东西滚落了一半下来。但狗却没有停下来，翻倒的雪橇重量轻了，一直颠簸着跟在狗队的后面。他们受到了虐待，而且雪橇的重量也太不像话了，这叫他们非常生气。巴克怒气冲天，管自直往前跑，别的狗也一块儿跟着跑。哈尔高声叫喊："嚯！嚯！"可狗群压根儿就不理他。哈尔一个趔趄被拖了个跟头，翻倒的雪橇立刻从他身上轧了过去，狗群一口气跑上了斯卡威镇的大街，把剩下的行装这儿一件那儿一件沿主路撒了一地，给小镇平添了几分热闹。

热心的市民主动帮忙把狗勒住了，把沿路散落的东西都捡拾到一块儿来，还帮他们出了不少主意。他们告诫说，要想去道森，行装非得减半不可，而且狗还得增加一倍。哈尔和他姐姐、姐夫不耐烦地听着，一边支起帐篷，仔细清点行装。看见他们翻出些罐头食品来，人们都乐得大笑起来，因为在这条雪道上，罐头可是连做梦也不敢想的东西。"这些毛毯够开一个旅店用的了。"有个笑着帮忙的人说道，"连一半都用不了，扔掉算了。帐篷和盘子都扔掉——谁顾得上洗呀。我的天，你们以为这是乘坐火车包厢旅行呀？"

　　这一家子这才狠下心来处理多余的东西。梅塞德斯的几个衣服袋子被抛在地上，一件又一件东西从里面被揪出来扔掉了。看到这情景，梅塞德斯伤心地哭了。整个事情让她伤心，看到每一件丢掉的东西也让她伤心。她两手抱住膝盖，哭得前后摇晃，伤心欲绝。她断然说，她一步也不走了，哪怕有十几个查尔斯求她，她也不跟着去了。她朝着每一个人、每一件东西哭诉，但最终还是擦干了泪水，动手扔东西，就连自己不能缺少的衣物也不例外。她起劲地扔着，扔完自己的东西还不算，还像一股旋风似的扫荡起男人的东西来了。

　　清理完行装一看，东西尽管少了一半，可还是挺吓人的一大堆。晚上，哈尔和查尔斯又去买了六条外来狗。有这几个新来的，再加上原来的六名老队员，还有那次破纪录行程中，在溜坷湍吸收的两名队员，爱斯基摩狗蒂克和库纳，组成了一支拥有十四名成员的狗队。那六条外来狗，尽管一登陆就经受了扎实的训练，但还是顶不上多大用。三条是短毛猎犬，一条是纽芬兰狗，剩下那两条是血缘不明的杂种狗。这些新来的家伙好像什么都不懂，巴克和老队友们看见他们就讨厌。巴克很快就教他们学会了安分守己，明白了什么事做不得，尽管如此，却无法教他们明白什么事应该做。他们并不喜欢拉雪橇。除了那两条杂种狗，其他几条对他们所处的陌生而荒蛮的环境，以及他们受到的虐待，感到茫然不知所措，一直情绪低落。两条杂种狗压根儿就不想合作，他们都是倔骨头。

新来的几条狗毫无希望，一副可怜兮兮的样子，原来的狗也因连续拉橇两千五百英里而累垮了，所以这一次的前景并不乐观。可是那两个男人却很高兴，一脸得意扬扬的神采。他们也够风光的，拥有十四条狗。他们也曾见到过别的雪橇从这儿出发，翻越山关，前往道森。也见过从道森来这儿的雪橇。但是多达十四条狗拉的雪橇，他们还从来没有见过。就北极地区长途旅行的特点而言，一般不用十四条狗来拉雪橇是有原因的。因为一辆雪橇拉不了这么多狗的食物。然而哈尔和查尔斯根本不懂这个，他们早就写好了旅程安排，每条狗吃多少，总共有多少条狗，共多少天，证明完毕。梅塞德斯俯在他们肩头，一边看他们计划，一边点头，好像领悟了似的。道理很简单嘛。

第二天中午前，巴克一马当先，率领着一支阵容庞大的狗队行进在大街上。可是狗队没有什么精神，个个无精打采、少气无力。他们是在筋疲力尽的状况下出发的。盐湖至道森之间的路程，巴克已经打了两个来回了，累惨了，也腻透了。现在又一次踏上这条老路，他心里真不是滋味。他的心思无法集中在拉橇上面，别的狗也都没心思干活儿。那几条外来狗吓得畏首畏尾，狗队的老成员们则对主人毫无信心。

巴克隐隐约约地感到，那两男一女不可靠。他们一窍不通，而且日子一天天过去，发现他们还不会学习。他们遇事总是那么漫不经心，得过且过，一点儿条理也没有。搭个帐篷还要大半夜的工夫，而且搭得七扭八歪。撤离营地竟也要花上半个上午的时间来收拾东西，结果把雪橇装得不像个样子，白天剩余的时间里，就只好走一阵，停下来整理一阵。有些天他们每天连十英里地也走不了，有些天他们干脆歇着不动。两个男人算好了路上需要的狗粮，根据是每天走多少路程，但他们没有哪一天能把当天的路程走完一半。

狗粮不够吃自然是肯定的了，可他们还一点儿都不节制，给狗喂太多，结果大大提前了粮食不足到来的时间。那几条外来狗的胃口没有受过长时间的饥饿训练，不会从尽可能少的食物里吸收尽可能多的营养，每顿吃起来都是狼吞虎咽。看见这种情形，又见那些疲惫的爱斯基摩狗拉橇拉得无精打采，哈尔就断定，这是给他们的口粮定量太少了的缘故，于是就把定量加了一倍。除此之外，梅塞德斯总是要求哈尔多喂点儿，甚至哽咽着，美丽的眼睛噙着泪水祈求哈尔，要是哈尔不答应，她就悄悄打开狗粮袋，偷出一些鱼来喂狗吃。然而，巴克和爱斯基摩狗需要的并不是食物，而是休息。尽管磨磨蹭蹭走不了多少路，但是沉重的雪橇照样可怕地消耗着他们的体力。

紧接着就开始了限量喂食。一天，哈尔早上睡醒，突然发现狗粮消耗了一半，而路程刚走完四分之一。还有更加不妙的情况，那就是凭你有天大的本事，也休想再弄到狗粮了。他赶紧把每条狗的定量减少，并且还想办法让他们多跑路。他姐姐和姐夫也都支持他，然而行装太沉重了，他们也都太无能了，结果搞得自己非常狼狈。少喂狗吃东西倒很简单，想让狗走得快些，可就不那么好办了。另外他们每天早上也起不来，不能早点儿上路，也就无法加长走路的时间。他们根本不会驾驭狗，就连如何驾驭自己也不会。

第一个走上黄泉路的是杜布。这个笨贼老是被当场抓获，惨遭惩罚，但干活儿还是很卖力气的。肩胛骨扭伤后既没治伤，也没休养，伤势越来越重，哈尔终于看不下去，用他那把大左轮枪给他送了终。北方流传着这么一个说法：如果外来狗吃爱斯基摩狗的口粮配给，非饿死不可。巴克麾下的六条外来狗只吃爱斯基摩狗口粮的一半，结果只能是饿死。第一个饿死的是那条纽芬兰狗，接下来是那三条短毛猎狗，那两条杂种狗倒是挣扎着多活了几天，到头来还是死路一条。

直到这时，三个人身上那种南方人温文尔雅的气质才算消失殆尽了。没有了想象的风光和浪漫，到北极旅行对他们这些男女来说，就变成了过分严酷的现实。梅塞德斯再也顾不上为狗伤心哭泣了，因为现在她只有为自己伤心哭泣，为跟丈夫和弟弟争吵而伤心哭泣的分了。无论多累，有件事他们还是顾得上干，那就是吵架。因为处境糟糕，他们的脾气也变坏了。处境越坏，脾气就越暴躁，结果脾气的恶劣远远超出了处境的恶劣。在这茫茫的雪道上，只有那些能吃苦受罪，能随遇而安谈笑自若的人，才能表现出令人惊叹的耐性。而他们三个绝对没有这种耐性，连一丁点儿耐性都没有。他们疲惫不堪、浑身酸疼，心也在痛。所以几个人说起话来十分尖刻，大清早一醒来，张嘴就说难听的话，夜里睡觉前最后一句，还是难听的话。

只要梅塞德斯给点儿机会，查尔斯就肯定要和哈尔吵架。这两个男人都深深觉得自己干了太多的活儿，一有时机就抱怨。梅塞德斯忽而向着丈夫，忽而向着弟弟，结果就引发了一场没完没了的精彩内讧。最初只是为谁去砍柴火（只是查尔斯和哈尔之间的争执）这样的鸡毛蒜皮而争执，可是不一会儿，就会把家里的人卷进来，亲爹亲娘，叔伯姑舅，各路表亲，八竿子也打不着的远亲，就连死去的人也会扯进来。哈尔对艺术的看法，或者是舅舅写的那个社会剧，也竟然和砍几根柴火发生了关联，令人费解。但是争吵的内容不止于此，也涉及查尔斯的政治偏见。查尔斯的姐姐爱说闲话，居然也和在育空河边生火发生了联系。这事显然只和梅塞德斯有关，因为唯独她一个对这个话题大发议论。夫家人那种特有的令她不悦的秉性，她偶尔也会评论一下子。与此同时，没人生火，帐篷只搭了一半，狗也没人去喂。

梅塞德斯一肚子的委屈——女人的委屈。她漂亮温柔，从来都受到男人们的殷勤对待，如今丈夫和弟弟对待她除了缺少殷勤，其他什么都不缺。她惯用的方式就是显出一副无能为力的样子。两个男人怨天怨地。她就以自己做女人所拥有的特权，对他俩横加指责，搞得两人忍无可忍。她不再关心狗的状况了，她自己累得浑身酸疼，走不动路，非要坐雪橇不可。虽说她漂亮温柔，但毕竟也有一百二十磅的体重——这个重量放在雪橇上，就成了压倒那群瘦弱饥饿的拉橇狗的最后一根稻草：本身虽不重，却叫他们受不了。她接连几天坐雪橇，最后狗终于拉不动，倒在了雪道上，雪橇停住了。查尔斯和哈尔连哄带劝，叫她下来步行，可她一直哭个不停，嘴里喋喋不休地数落他俩，骂他们太残忍。

一次，他俩使足了力气才把她从雪橇上拖下来，但后来两人不管她了，因为她像个被宠坏了的孩子，一屁股坐在雪地上不走了，看着他俩往前赶路，她连动都不动。害得两人都走出去三英里地，还不得不卸空雪橇再折回来接她，使足了力气才把她弄到雪橇上。

他们自己也狼狈不堪，哪里还顾得上狗受的罪。哈尔有个观点，不过这个观点只对别人不对自己，那就是该狠心时就要狠心。起初他向姐姐、姐夫宣扬他这种观点，没有什么效果，他气急败坏，便拿过棒子在狗身上应用起这种观点来。走到手指山的时候，狗粮终于告罄。遇到个没牙的印第安老太婆，想用几磅冻马皮交换哈尔的左轮枪，这枪他一直和那把大猎刀一块儿挂在腰上的。冻马皮充当狗粮实在是很差劲的，因为这是半年前从牛仔的那些饿死的马身上剥下来的皮。冻得硬邦邦的，好像一条条白铁皮。狗把它撕碎咽到胃里，就化作一根根没有营养的细皮线，再化成一团短毛，又刺激胃，又不好消化。

巴克对这一切都默默忍受着，走在队伍的前面，步履蹒跚，仿佛正在做一场噩梦。他总是能拉动就拉，拉不动就躺倒在地，直到被皮鞭或棒子赶起来。他那一身漂亮的毛皮失去了往日的弹性和光泽，毛发无力地垂落下来，毛发和血粘在了一起。肌肉严重消耗，变成了一根一根扭结暴突的筋。脚爪上连肉垫都没有了，浑身就剩下了一张干瘪皱巴的皮，骨架凸出，一根根显露出来。这副样子让人看了心碎，但是巴克的心碎不了。那个穿红毛衣的人早就证明了这一点。

巴克是这样，他的伙伴们也全都是这样，统统成了会走路的骨头架子了。连上巴克，总共还剩七条狗。遇到这等灾难，皮鞭和棒子对他们已经不起作用了。挨打的疼痛显得那么模糊而遥远，如同他们看见的、听见的一样模糊而遥远。可以说他们就剩下了半条命，甚至可以说就剩少半条命，简直就成了几副皮囊骨头了，里面的生命就像风里的蜡烛一样微弱。雪橇停下来的时候，他们就倒在雪橇上，像几条死狗，生命就像是一点火星子了，十分黯淡，随时可能熄灭。每当棒子和皮鞭落在他们身上的时候，这火星子就又闪烁起来，他们也就随之摇摇晃晃地站立起来，步履艰难地走下去。

好心肠的比利倒下去再也没有起来。哈尔已经把他的左轮枪交换了马皮，所以比利倒在绳具中间的时候，哈尔只好拿来一把板斧，一斧头劈在比利头上，再砍断比利的绳具，把尸体拖到路边。这情景巴克看见了，他的伙伴们也看见了。大家都明白，这事就快轮到他们头上了。第二天，库纳也死了，全队就剩下五条狗。乔已经虚弱不堪，再不像原来那么凶神恶煞似的了。派克一瘸一拐的，只剩下了一半的知觉，连装病都不够用了。独眼索尔莱克斯依旧在忠实卖力地拉橇，但不幸的是他毕竟也拿不出多少力气了。蒂克因加入狗队的时间还不怎么长，冬季没有走过那么长的路，所以挨打最多。巴克仍然一马当先走在队首，但不再维持秩序了，这方面的工作他根本顾不上了。他已经虚弱得有一半时间两眼看不清东西，沿雪道往前走凭的是雪道隐隐约约的影子和脚底下的微弱感觉。

已经到了美丽的春天，可是狗和人都没有意识到已经换了季节。太阳升起得一天比一天早，落下得一天比一天晚。凌晨三点天就微微放亮了，到晚上九点才渐渐暗下来。长长的一整个白天，阳光普照，亮得耀眼。冬天那幽灵般的死寂悄然离去，代之而来的是生命复苏后那壮丽的春之絮语。这絮语无处不在，充溢着生命的喜悦。这絮语来自那苏醒后又开始运动的东西，而在漫漫寒冬，这些东西像死去似的动也不动。松树又分泌出了松脂，杨柳新吐出了嫩芽。灌木丛、藤蔓披上一层新绿。入夜，蟋蟀高歌；白天，昆虫集会，在太阳下婆娑起舞。森林里，鹧鸪在捉迷藏，欢叫对歌，啄木鸟则敲树干笃笃有声。松鼠唧唧，小鸟喳喳，来自南方的北归大雁，排成整齐的队列划破长空，叫着从头顶掠过。

潺潺流泉来自一面面山坡，远远奏响了山泉的旋律。万物都在消融，都在碎裂，都在噼啪作响。育空河正努力挣脱禁锢自己的坚冰，河水从下面消蚀着残冰，阳光从上面把冰层融化，冰面上渐渐形成许多气孔，迸开道道裂缝，片片薄冰陷入河水中。在迸发、爆裂和律动的生命复苏中，在耀眼的阳光普照下，在拂面和风的阵阵低语声中，两个男人、一个女人和几条狗蹒跚而行，像一群走向死亡的生灵。

几条狗一路上不断跌跤，梅塞德斯坐在雪橇上哭哭啼啼，哈尔无意义地咒天骂地，查尔斯则眼里噙着渴望的泪水，三人就这样跟跟跄跄地走进了白河河口那片约翰·桑顿的营地。他们刚停下来，狗就活像被击毙了似的，一条接着一条躺倒在地上。梅塞德斯擦干了眼泪，望着约翰·桑顿。查尔斯坐在一根木头上歇着，因为浑身发僵，他得费力地慢慢坐下来。哈尔上前去搭腔。约翰·桑顿正用一根桦木棍做斧头把，削着最后几刀。手上削着，耳朵听着，嘴里还嗯啊地应着。哈尔问话，他就简短地回答，给几句忠告。这样的人他见得多了，十分了解，给忠告等于白说，他们绝不会听从。

"还在上面的时候他们就告诉我们说，雪道的底子在融化了，我们最好的办法就是待着别动，以后再走。"哈尔说，因为桑顿警告他别在这种冰雪融化的天气去冒险走雪道，"他们还说我们到不了白河，可你瞧我们这不是到了。"哈尔得意地又添了这么一句。

"不过他们那话没说错。"约翰·桑顿答道，"雪道的底子随时会化掉。只有傻瓜，靠着一股子傻运气，才能瞎撞到这儿来。跟你实话说吧，你就是把阿拉斯加的金子全给我，我也不会豁出命去冒这个险。"

"我估计，你这么说是因为你不是个傻瓜。"哈尔说，"不管怎么说吧，反正我们这趟是走定了，非去道森不可。"他把卷起来的皮鞭一甩。"给我起来，巴克！起呀！走啦！上路啦！"

桑顿接着削他的斧柄。他明白，想叫傻瓜别办蠢事，实在是瞎子点灯——白费蜡。再说啦，这世界上傻瓜有的是，多两个少两个，一切都还是照旧。

但是，几条狗听到命令后并没有立即起身，他们早就到了不在乎挨皮鞭的地步了。只见皮鞭嗖嗖地甩起，啪啪地抽打，无情地执行着使命。约翰·桑顿紧闭着嘴巴。第一个爬起来的是索尔莱克斯。下一个是蒂克。接着乔也站起来了，刚站起来就疼得大叫不止。派克费力地想站起来，两次都没成，站了一半又扑倒了，第三次才勉强站住。巴克根本没有站起来的意思，继续在刚才倒下的地方静静地躺着。一鞭又一鞭抽打在他身上，但他既不叫也不动。桑顿有好几次想站起来说点什么，但最后还是改了主意。他的两眼湿润了，见狗一直在挨鞭子，他站起来好像拿不定主意似的，走来走去。

巴克这还是头一回无法听命，这可叫哈尔气得发狂了。他把手中的皮鞭换成了大棒。可是巴克任凭棒下如雨，重重打在自己身上，还是动也不动。他和同伴们一样，连起身的力气也没有了，但是他又和他们不一样，他打定主意决不站起来。他朦朦胧胧地感觉到一种不祥之兆。他拉橇来到河岸的时候这种感觉很强烈，后来这感觉一直没有消失。一整天他都觉得好像脚下的冰雪又薄又软，因而恍惚感到快要大难临头了，就将发生在前头不远处的冰雪上，就在主人驱赶他去的地方。他卧在那里纹丝不动，已经遭受了太多的苦难，身体也太虚弱了，棒子打在身上也不觉得疼了。在棒子的打击下，他体内生命的火花忽闪忽闪地暗了下来，就快要熄灭了。他这时有一种麻木的感觉，自己也难以名状。他只意识到自己正在挨打，但仿佛很远似的。痛苦终于离开了他，再也感觉不到了，但还是能模糊地听到棒子击打皮肉的声响，可是这皮肉不再是他自己的了，似乎离得很远很远，遥不可及。

突然，约翰·桑顿冷不丁大叫一声，仿佛野兽吼叫一般，随着这声大叫，他猛地扑向挥舞棒子的哈尔。哈尔没有提防，好像被一棵倒下的树猛砸了一下似的，后退了好远。梅塞德斯发出一声尖叫，查尔斯擦了擦眼睛，露出惊骇的神情，但他一下子没站起来，因为浑身骨头僵硬。

桑顿气得浑身发抖，他站在巴克身边，竭力控制住自己的情绪，一时说不出话来。

"你要再打一下这狗，我就杀了你。"他总算哽咽着把憋在心里的话讲了出来。

"这狗是我的。"哈尔答道,一边往回走,一边擦着嘴角上的血,"你他妈的滚蛋,要不我可对你不客气了。我要去道森。"

正站在巴克和哈尔之间的桑顿,根本没有要让开的意思。哈尔把挂在腰间的那把长猎刀抽出来了。梅塞德斯忽而大哭,忽而尖叫,忽而大笑,歇斯底里地发作了一通。桑顿用他那根刚削好的斧子柄照哈尔的手背敲了一下,敲得哈尔手一松,刀落在了地上。哈尔刚打算弯腰把刀捡起来,没提防桑顿又敲了他手背一下,自己先把那把刀捡了起来,嚓嚓两下就把巴克身上的绳具割断了。

哈尔一下子像泄了气的皮球,失去了斗志。再说他姐姐正倒在他怀里,占住了他的两只手,而且巴克也离死不远了,没法儿再拉雪橇了。几分钟后,他们便离开河岸走上了河床。巴克听见狗队启程上路,抬起头来目送着他们离去。只见派克领头,索尔莱克斯驾橇,走在中间的是乔和蒂克。他们跟跟跄跄、步履艰难地拉着橇。满载的雪橇上还坐着梅塞德斯。哈尔掌着橇杆,查尔斯跟在雪橇后面蹒跚而行。

巴克目送着队列远去。桑顿跪在他身边伸出一双布满老茧的手,慈爱地抚摸着他,小心地摸索着,想发现哪一根骨头被打断了。但是只发现了些青肿的瘀血块，还有那触目惊心的饥饿状态，其他倒也没有什么。这时，雪橇已经走出去四分之一英里了。巴克和桑顿一起看着在冰上滑行的雪橇。突然间，只见雪橇的尾部在往下陷，好像是陷进了橇辙，而橇杆却高高翘了起来，哈尔紧紧抓着橇杆也跟着悬在半空。接着传来了梅塞德斯的尖叫声。他们看见查尔斯转身跨了一步，正打算往回跑，不料那块冰整个塌陷下去，顷刻间狗和人都不见了。只能看见他们陷下去的地方成了一个张着大口的黑窟窿。雪道的底层融化掉了。

约翰·桑顿和巴克互相看了一眼。

"你这可怜的鬼东西。"约翰·桑顿说，而巴克则舔了舔他的手。

第六章　义勇报恩

前一年的十二月，约翰·桑顿把脚冻伤了，伙伴们就把他留下来，安顿好养伤，他们自己溯流而上，去砍木头造木排，预备去道森。他救下巴克的时候脚还有点儿瘸，而天气一天天变暖和了，脚很快也就全好了。在漫长的春天里，巴克天天卧在这里的河岸旁，凝望着奔流不息的河水，懒洋洋地侧耳谛听百鸟歌唱，听大自然的低吟，体力也就渐渐恢复了。

经过三千英里的艰难跋涉之后，能停下来这样彻底休息，真是身心皆爽，巴克身上的伤口渐渐愈合，肌肉又丰满起来，骨头上的肉又长回来了。但是也不得不说，在疗养期间，巴克变懒了。说起来，大家——巴克、约翰·桑顿、斯基特、尼格——全都在消磨时光，无所事事，等待木排来到，载着他们顺流而下去道森。斯基特是一条矮小的塞特种母猎犬，见面不久，就和巴克交上了朋友。当时巴克奄奄一息，就快死了，没法儿拒绝她的殷勤。有些狗生来就有做医生的素质，斯基特恰好就是这么一条。她一直给巴克舔舔伤口，像母猫舔小猫一样。每天巴克吃过早饭后，她都要照例来完成这项自我分配的任务，结果习惯成自然，巴克总盼着她来照料自己，就像他盼着桑顿来照料自己一样。尼格也同样友好，尽管感情不是那么外露。他是一条大黑狗，一半猎犬血统、一半猎鹿犬血统，有一双笑眯眯的眼睛，脾性十分温厚。

巴克感到特别惊讶，这两条狗居然丝毫没有表现出嫉妒他的样子。他俩仿佛受了约翰·桑顿的影响，也是那么仁慈宽厚。巴克身体一天天强壮起来，他们便引导他做各种滑稽有趣的游戏，就连约翰·桑顿也常情不自禁地参加进来。就这样，巴克愉快地度过了康复期，开始了新的生活。爱，真正热烈的爱，头一次在他心中燃起。这种爱即便是在阳光普照的圣克拉拉谷米勒法官府上，也从来没有体验过。跟法官的儿子们打猎漫步，那是工作上的伙伴情分；陪法官的孙子们，那是威风神气的护卫职责；和法官本人之间，那是庄严高贵的友谊。但是啊，这种如烈焰般狂热的爱，痴迷倾倒的爱，却是由约翰·桑顿从他心底唤起的。

这个人是他的救命恩人，这已经很重要了；另外他还是个理想的主人。别的人也照顾自己的狗，但那是出于责任感和工作需要；而他照顾自己的狗，真好比照顾自己的孩子，是情不自禁地这样做的。还不止于此呢，他从来都不会忘记亲切地打个招呼，说上一两句开心的话。他还会坐下来跟他们长谈（他管这叫"聊"），聊得大伙儿都开心，他自己也开心。他喜欢粗鲁地用双手捧住巴克的头，把自己的头靠上去，一前一后摇晃巴克的脑袋，嘴里还骂些个不干不净的话，巴克觉得很中听，是爱的表示。这种粗鲁的拥抱和低声的咒骂，让巴克体验到从来没有过的愉快，每次脑袋被前后摇晃时，他的心都会狂跳不已，仿佛要跳出胸腔，一阵狂喜就会在心中掠过。桑顿松开手后，巴克会一跃而起，张开嘴显出笑意，眼睛里充满深情，喉咙里颤动着发出几乎听不见的声音，就这样愣愣地一动不动。这时约翰·桑顿就会肃然起敬地惊呼："天哪，你除了不会说话，真是什么都会啊！"

巴克表达爱的方式很独特，简直近乎伤害了。他时常把桑顿的手含在嘴里，用力咬住。后来过了很久，桑顿手上还留着他咬出的牙印子。巴克觉得桑顿的咒骂是表示爱，同样，桑顿也明白，巴克假装咬他也是一种爱抚。

不过一般来说，巴克还是以崇敬来表达爱的。每当桑顿抚摸他或者是跟他说话，他都会欣喜若狂，但他并不刻意寻求这种爱的表示。在这方面他跟斯基特和尼格都不一样。斯基特惯于用鼻子拱桑顿的手，一直要拱到他拍拍她的脑袋为止。尼格则喜欢上前去把自己的大脑瓜枕在桑顿的膝头。巴克满足于站在一边表示自己的崇敬。他会长久地卧在桑顿的脚旁，显出热切而机警的表情，凝视着桑顿的脸，仔细地端详着他，怀着极大的兴趣，观察着他每一个转瞬即逝的表情、面部的每一个细小动作或变化。偶尔他也会卧得稍远些，卧在桑顿侧面或身后，这时他便注视着桑顿的轮廓，以及他身体偶尔的动作。他俩往往灵犀相通，巴克凝视桑顿的背影时，桑顿会转过头来，也默不作声地凝视巴克，就像巴克的内心透过目光表达出来一样，桑顿也用目光表达着自己的内心。

巴克得救后有很长一段时间，一直不愿意让桑顿走出自己的视野。从他走出帐篷那一刻起就一直跟在他身后，直到他再回到帐篷。自从他进入北方以来，就不停地换主人，这使他产生了一种恐惧，似乎没有一个主人能够长久不变。他很担心桑顿会像佩罗、弗朗索瓦和那个苏格兰混血儿一样，一个接着一个从他生活里消失。就连在夜晚的睡梦中，这种恐惧都会萦绕在他心头。每逢这时，他就不再睡眠，冒着严寒起身，轻轻来到帐篷门帘外，站在那里倾听主人的呼吸声。

　　但尽管巴克对约翰·桑顿怀有深情厚谊，似乎体现了文明潜移默化的作用，然而北方在他心底唤起的原始本性，仍在他体内存活着，而且非常活跃。他拥有忠诚和献身精神，这些都来自那种以火炉房屋为特征的文明生活。不过他身上还保留着自己的野性和狡猾。他本是野兽，从荒野走来坐在约翰·桑顿的火边，而不再是那种带有一代代文明标记的南方狗。由于对主人怀有深切的爱，他不能偷主人的东西，至于别人的东西，其他营地的东西，他偷起来片刻都不会犹豫；而他偷得十分狡猾，谁都不会发现。

　　他脸上、身上刻着许多狗咬下的道道伤疤，但他的勇猛仍不减当年，而且变得更加机警。斯基特和尼格的脾气太好了，他从来都不和他们争吵，而且他们属于约翰·桑顿。凡是陌生的狗，不管是什么品种，不管是不是勇猛，很快就能认可巴克至高无上的地位，否则就要和一个可怕的对手进行殊死搏斗。巴克是无情的，他非常了解棒牙法则。他决不会放弃有利时机，决不会在被他逼到死路上的仇敌面前发慈悲。他从斯皮兹身上得到过教训，也从警署和邮队的战斗主力狗那里得到过教训，从中明白了一个道理，那就是没有中间的路线，要么就去支配，要么就被支配，仁慈是个弱点。在原始生活中，怜悯是不存在的，那会被误解为胆怯。而这种误解往往导致死亡。杀或被杀，吃或被吃，这是不二法则，他遵守着这条从远古时代传下来的法则。

他比他实际已经活过的年岁显得更老些。他把过去和现在连在了一起，他背后的永恒以强烈的律动在他的体内震颤着，这律动支配着他，如同支配潮汐和季节。他坐在约翰·桑顿的火边，是条胸膛宽阔、长着白尖牙和一身长毛的大狗，而他身后却隐藏着形形色色的狗、半狼半狗、野狼。这些狼和狗的影子催促着他，激励着他，尝他吞噬的肉，喝他饮下的水，同他一道嗅风，一道谛听，给他讲述森林里野兽发出的声响，支配他的情绪，指导他的行动，他卧下来时，也同他一道卧下睡觉，同他一道做梦，又超脱形骸之外，成为他梦中的影像。

这些影子的召唤令他无法抗拒，因而人类和人类对他的要求一天一天离他远去。在密林深处，有一个声音在呼唤，他常常听到这种神奇的呼唤，那么具有感染力和诱惑力，使他忍不住要转身离开篝火，离开被人踏平的土地，跃入森林，不停地向前奔跑，而连他自己也不知道要去往何方，为何要去。他也不思考要去往何方，为何要去。那呼唤在密林深处犹然回荡，无法抗拒。但是每当他走到这柔软的未被践踏的土地上，来到树荫下时，他对约翰·桑顿的爱又把他重新拉回到篝火旁。

桑顿是巴克唯一牵挂的人。除他以外，整个人类都算不了什么。偶尔经过这里的人，拍拍他，夸他几句，他却相当冷淡。要是有人过分殷勤，他就索性站起来走开了。桑顿的两个伙伴汉斯和皮特终于撑着盼望已久的木筏子回来了，巴克并不主动理睬他们，后来才明白他俩和桑顿的关系密切，这才勉强表示友好，但依旧并不主动，似乎是为给他俩一点面子，才接受他俩的宠爱。他俩和桑顿一样，为人直爽，朴实厚道，但目光非常敏锐。木排还没有到道森木材厂旁的河湾，他俩就摸清了巴克的脾气，因而也就不要求他表现得多么亲热，在这方面不要求他同斯基特和尼格一样。

但是他对桑顿的爱却是与日俱增。夏天到来后，旅途上唯有他一个人可以把背包让巴克驮在背上。只要桑顿一声号令，就是赴汤蹈火巴克也在所不辞。一天（他们用卖了木排的钱做盘缠，离开道森去塔拿纳河上游源头），几个人和所有的狗都登上了一座峭壁顶上坐下来，垂直向下足有三百英尺深，底下便是裸露在河床上的大石头。约翰·桑顿坐在峭壁边上，身旁便是巴克。桑顿一时心血来潮,心里琢磨着想做个测验,就招呼汉斯和皮特看他做这个测验。"跳,巴克!"他下了一道命令,一边挥手指着下面的深谷。话音刚落,巴克便似离弦的箭,腾身跃起。说时迟那时快,桑顿猛地扑过去抱住了巴克,一起扭抱着滚到了峭壁的边缘,汉斯和皮特赶紧把他俩拽回安全地带。

"真够怪的。"事过之后皮特说,这时大家才慢慢缓过劲来。

桑顿摇了摇头说。"没什么怪的,棒极了,也真够吓人的。你们明白吗,这叫我常常感到害怕。"

"只要他在你身边,我可连挨都别想挨你一下。"皮特肯定地说,一边冲巴克点点头。

"哇呀!"汉斯也帮腔道,"我也甭想。"

那一年年底在瑟克尔城发生了一件事,让皮特的担心真的成了现实。"黑"伯顿是个脾气火暴、心狠手辣的家伙,在一间酒吧跟一个新来的过不去,桑顿好心上前去劝架。当时巴克照例还是卧在一个角落里,脑袋低伏在前爪上,密切注视着主人的一举一动。突然,伯顿猛地出手重重给了桑顿一拳,桑顿没提防被打得直晃悠,幸亏抓住了柜台边的栏杆,才没有摔倒在地。

旁观的人都听到了一个声音,不是尖叫,也不是狂叫,说得恰当些,应该是一声怒吼。霍地一下,只见巴克腾身离地，扑向半空直取伯顿的咽喉。那家伙出于本能伸手一挡，这才保住咽喉没被咬断，可还是被扑了个仰面朝天，巴克就势把他压在地上，死死咬住他的胳膊不放。忽然巴克牙齿一松，又向脖子咬去。这一回那家伙没能挡住，脖子登时被撕开一个口子。围观的人一看不妙，赶紧一拥而上把巴克赶开。但就在医生赶来止血的时候，巴克仍未消气，还在愤怒地咆哮着，跃跃欲试地企图扑咬，直到看见一排恶狠狠的棍棒横在面前，他才悻悻地退下去。在场的矿工们立刻召开了一次现场会议，会议认为巴克咬人是事出有因的，免予追究。然而，这件事也让巴克出了名，从那天起，他的名字便传遍了阿拉斯加的每一个营地。

后来，就在那一年的秋天又出了一件事，巴克又一次救了约翰·桑顿，不过方式完全不同。那是在四十英里河的一处险滩，水流湍急。当时，三个搭档一块儿顺水放船，那是一条又细又长的撑篙船，汉斯和皮特在岸上拽着系在船上的一根细棕绳，正在一棵树一棵树绕着把船拉住，免得被激流冲跑。船上就站着桑顿一个人，边撑船边向岸上发号令。只见巴克在岸上死死盯着，显得心急火燎，紧紧随着船往前走，眼睛一刻也不离开主人身上。

有一处地形特别险恶，水里突出一排礁石。汉斯把绳子放出去一些，桑顿把船向里面撑去，汉斯就在岸上跟着跑，手里拽着绳头，拉着船，绕过了礁石。可是刚绕过去，船就被激流冲得飞奔而下，汉斯连忙拽紧绳子拉船，但拉得太猛，一下把船拉翻了，桑顿翻落水中。船底翻出了水面，冲向岸边，而桑顿被冲到了一块最险的地方，那里是水花翻滚的漩涡，万一被卷进去，断无生还之理。

巴克见状立即跳入水中，游了三百码才在一个急速旋转的漩涡处追上桑顿。他感觉桑顿抓住了他尾巴，便拼命朝岸边游去。但是靠岸的速度十分缓慢，而顺流而下的速度非常快。河下游传来震耳欲聋的咆哮声，那儿的水流更加迅猛。有一溜儿岩石宛如一把巨大的梳子插入河水中，把激流劈碎，使其变成一股股汹涌的湍流，溅起爆炸般的水花。激流经过最后一道陡坡时，形成了一股巨大的拉力，桑顿明白，要想上岸是不可能了。激流裹着他从第一块岩石边擦过去，经过第二块岩石时他受了点儿伤，紧接着又撞上了第三块岩石，撞得很重。他松开巴克，两手抓住了光滑的石头顶端，伴随着轰轰的激流声，高喊道："快走，巴克，快走！"

巴克终于撑不住了，任凭水流把他冲向下游，他一路拼命挣扎但徒劳无功，就是游不回来。听到桑顿最后一声命令后，他把身体向后仰了一下，伸长脖子仿佛要看上最后一眼似的，随后才顺从地向岸边游去。他使出浑身力气和激流搏斗，就在快要游不动、快遭遇灭顶之灾的时候，被皮特和汉斯拉上了岸。

他们明白，人在这种汹涌的激流中，抱住一块滑溜溜的岩石，充其量只能坚持几分钟。所以他们撒腿便向上游跑去，跑到离桑顿抱住岩石的地方很远的岸边，把拉船的绳子拴在巴克肩膀上，既不让绳子妨碍巴克呼吸，也不让绳子妨碍巴克划水，接着便放他下水。巴克勇敢地游出去，但没能笔直地游到河心。他意识到这是个错误，可是已经晚了。就在他经过桑顿的时候，他俩之间还有划好几下水才能够着的距离，结果巴克眼睁睁地被激流冲过去了。

汉斯立即拉紧绳子，好像巴克是条船似的。巴克在激流中被绳子这么一扯，身子就被扯到水下了，而且一直都没有上来，直到被拉得撞到岸边，才被拖出水面。他淹了个半死，皮特和汉斯赶紧扑到他身上，把水挤出来，把空气拍进去。他晃晃悠悠地站立起来，一个趔趄又跌倒了。这时他们听见了桑顿微弱的呼喊声，尽管他们听不清他喊什么，可是都明白他已经坚持到极限了。主人的喊声如同电击一般起作用，只见巴克一跃而起，一马当先沿着河岸猛跑，两个人紧紧跟上，来到刚才下水的地方。

巴克又一次被拴上绳子放下水，又一次游出去，但这一次，他笔直地游向河心。他已经犯过一次错误，这次决不能再犯同样的错误了。汉斯放绳，不让绳松掉；皮特理绳，不让绳打结。巴克一直往河心游，终于游到了桑顿的正上方，这时他猛一转身，以特快列车的速度，迅速地朝桑顿游去。桑顿看见巴克冲自己游过来，排山倒海般的激流载着他像攻城的大槌一样撞上桑顿，桑顿探出双臂，猛地抱住巴克毛茸茸的脖子。汉斯把绳子在一棵树的树干上绑住，把巴克和桑顿弹得沉下了水面。他俩又憋又呛，忽而一个冒出水面，忽而是另一个，被连拉带拖，在坎坷不平的河底碰碰撞撞，硬是被拖到了河岸上。

后来桑顿苏醒了。他趴在一根漂木上，被汉斯和皮特使劲来回推拉了一阵。他刚睁开眼睛就立即寻找巴克。巴克身体瘫软，毫无生气，尼格伏在他身上不住地嚎叫，斯基特不停地舔着巴克湿漉漉的脸和紧闭着的两眼。桑顿被撞得遍体鳞伤，但他顾不上自己，巴克一恢复知觉，他就赶紧把巴克全身仔细检查了一遍，发现断了三根肋骨。

"就这么着吧，"他说，"我们就在这儿扎营住下吧。"于是，他们就在那儿住下来，一直住到巴克肋骨的伤全部痊愈。

那一年的冬天，巴克又立了一功。那是在道森，说来并不是什么英勇的壮举，不过他却因此而在阿拉斯加名声大振。三个搭档对这件事感到非常得意，因为他们因此而获得了需要的装备，盼望已久的东部之旅也就有可能实施了。那里是一片还没有开发的不毛之地，还没有出现矿工。那件事是这样发生的：在埃多拉多酒馆里，大家围绕着一个话题谈得热火朝天，都在吹嘘自己的爱犬如何如何能干。由于巴克的事迹已广为人知，大家都谈到了他，而桑顿当然是为巴克摆功。大伙儿争论了半个钟头，这时有个人说他的狗能拉动装载五百磅货物的雪橇；另一个吹牛说他的狗拉得动六百磅；第三个说他的狗拉七百磅都不在话下。

"够了！够了！"约翰·桑顿沉不住气了，"巴克拉得动一千磅。"

"光是在原地拉动呢，还是要拉上一百码呢？"有人追问道，这人叫马修森，是伯南札的淘金大王，刚才吹到七百磅的就是他。

"不但在原地拉动，还要拉上一百码。"约翰·桑顿斩钉截铁地答道。

"好啊，"马修森一字一板地说，目的是让在场的人都听见，"我这儿有一千块，我赌他拉不动。看好了，

100

钱在这儿。"说罢，便把一只像根粗香肠一样的金沙袋撂到了柜台上。

大伙儿谁都没出声。这么说吧，桑顿说下了大话，却让人较真了。他能感觉到脸上一下子热得发烫，他暗想，真是作茧自缚啊，都是这舌头惹的祸。其实巴克究竟能不能拉动一千磅重的雪橇，他心里没有底儿，那可是半吨哪！这么大的重量把他吓住了。他对巴克的力气是很有信心的，以前倒也常常觉得这个重量巴克拉得动。但现在分明是要当场见分晓，这种场面他还没有遇到过，十几双眼睛死死盯着他，大家都静静地等待着。另外他上哪儿去弄一千块钱？汉斯和皮特两人都没有这笔钱。

"我有一辆雪橇，这会儿就停在外面，上面正好装着二十袋面粉，每袋重五十磅，"马修森冷冷地说，"所以重量的事你就不用发愁了。"

桑顿什么也没说，因为他不知道该说什么好。他显出一副茫然若失的神情，好像丧失了思考能力，正寻找能让脑子重新运转起来的东西，于是环顾四周，扫视那一张张面孔，最终把目光停在了吉姆·奥伯林脸上。这人是马斯托顿的淘金王，是桑顿过去的老伙伴。这张面孔上好像有某种暗示，唤起了他的欲望，要去试一试自己做梦也没有想过的事。

"你可以借给我一千块吗？"他压低声音问道，几乎像是耳语。

"没问题。"奥伯林答道，一边就动手把一个胀鼓鼓的袋子丢在了马修森那个袋子旁边，"不过，约翰，我倒是不大相信那畜牲干得了这活儿。"

埃多拉多酒馆一下子空了，人们一窝蜂都跑到外面看热闹去了。桌子都空了，赌钱的和看场子的都跑出去，要看看这场赌博的结果，并且争着下注。有好几百人围观，个个穿着皮袄、戴着手套，站成一圈儿，把那辆雪橇围了个严严实实。马修森的雪橇上装着一千磅面粉，在那地方已经停放了两个钟头。天气还特别冷（零下六十度），雪橇的滑板已经在坚硬的雪地上冻牢了。人们继续下注，赌巴克拉不动的赔率为一赔二。大家还对"拉动"这个词意见不统一。奥伯林主张桑顿有权先把冻住的滑板敲松动，然后巴克把绝对静止的雪橇拉得动起来，就算数。马修森却一口咬定，这个词的意思，包括把滑板从冻结状态中拉松动。刚开始在场看打赌的那些人大部分赞成马修森的意见，于是赌巴克输的赔率升为一赔三。

但是并没有人下注赌巴克赢，谁都不相信巴克有这本领。桑顿是一时冲动才卷进了这场赌博，本来心里就没底，此刻看着眼前这辆雪橇，更觉得这事严峻，何况雪橇前的雪地里还卧着十条狗，那是拉这辆雪橇的常规狗队。他越看越觉得这事没指望，而马修森则越发得意了。

"三比一！"他大声宣布，"我再加一千块，桑顿，你怎么说？"

桑顿脸上露出重重疑虑，然而这也激发了他的斗志——这种斗志超越了赌博，使人不考虑实际上的不可能性，除了一片叫阵声外，什么也听不见了。他把汉斯和皮特叫过来，他俩的钱袋也都很瘪，没有多少钱，倾其所有，三个搭档总共凑了两百块。这阵子正是他们手头拮据的时候，这些钱就是他们全部的资本了；但他们还是毫不犹豫地拿出来赌马修森的六百块。

那十条狗从雪橇上解下来了，巴克带着自己的缰绳，被套上了这辆雪橇。眼前这群情激奋的场面把他也感染了，他感觉到自己必须为桑顿干一件大事。一见巴克那英俊的外表，人群中禁不住发出一阵赞叹的低语。巴克浑身肌肉发达，筋骨强健。体重一百五十磅，每一磅都体现出坚强刚毅。周身皮毛呈现出丝绸般的光泽，脖子到肩膀上覆盖着一层鬣毛，哪怕平静时也是半竖立的状态，只要动一下，鬣毛就似乎要立起来了，仿佛过盛的精力让每根毛发都活跃灵动。他胸脯宽阔，前腿粗壮，与身体其他部分的比例极其匀称。

一块块结实的肌肉在皮毛下显得圆滚滚的，人们忍不住摸一把，就说结实得像铁块儿，于是赔率降到了一赔二。

"天哪！天哪！"最近发迹的"王朝"一员，斯库库姆·班切斯金矿的那位"皇帝"连连惊呼，"先生，能把你的狗卖给我吗？我出八百块！用不着等到测试以后，就现在买，八百块！"

桑顿摇了摇头，走到巴克跟前。

"你得站得离他远点儿，"马修森抗议道，"自由比赛，充足空间。"

人群肃静下来，能听见的就剩下赌徒招呼人们下一赔二的赌注的声音了。人人都承认巴克是条了不起的好狗，然而二十袋、每袋五十磅重的面粉，在人们眼里这实在是太重了，让他们望而生畏，不敢为他打开自己的钱袋。

桑顿在巴克跟前跪下来，两手捧起他的头，把自己的脸贴上去。他没有按老习惯摇晃他的脑袋，也没有说那些疼爱的咒骂话，而是凑到巴克耳边悄悄说："你是爱我的，巴克。你是爱我的。"巴克抑制住激动，呜呜地叫了几声。

人们好奇地注视着他俩。这事变得神秘起来了。好像在施法术似的。桑顿站起来的时候，巴克把他戴着手套的手咬在嘴里，使劲咬了几下子，才不太情愿地慢慢松开了。这便是回答，用的不是语言，而是爱。接着，桑顿远远退到了后面。

"好了，巴克。"他说。

巴克拉紧了缰绳，接着放松了几英寸。这是他学会的办法。

"向右！"在紧张的寂静中，桑顿发出尖厉的声音。

巴克猛地冲向右侧，缰绳"砰"的一声绷紧了，把他那一百五十磅的身体猛地勒住了。雪橇上的货物抖了一下，滑板底下发出清脆的咔嚓声。

"向左！"桑顿又发出了命令。

巴克把刚才的动作重复了一遍，但这次的方向是左侧。咔嚓声变成了剥裂声，雪橇转向了左面，滑板松动了，还向旁边滑出去几英寸。雪橇崩开了冻结的冰面。人群屏住呼吸，十分紧张，对眼前发生的事情觉得不可思议。

"预备，走！"

桑顿的命令犹如一声枪响。巴克猛地向前冲去，缰绳一震，随即绷紧。他使出最大的力气紧紧收拢身体，在丝绸般光滑的皮毛下面，筋骨扭动纠结。宽阔的胸膛紧贴着地面，他压低脑袋探向前方，脚爪子在地上飞快地拨动着，在坚硬的雪地上刨出两道平行的深沟。雪橇晃动着，震颤着，微微向前移动了。巴克的一条腿打了个滑，便有人"啊呀"了一声。紧接着，雪橇接连不断地抖动着向前，再也没有停下来……半英寸……一英寸……两英寸……抖动明显减少了；雪橇的动量渐渐增大，巴克控制住了抖动，使雪橇开始匀速平稳地向前移动。

人们憋了一口气，现在又开始呼吸了，他们自己也没有意识到，刚才那一阵子他们曾经停住了呼吸。桑顿跟在雪橇后面跑，边跑边简短地给巴克打气。距离是早就丈量好了的，就在巴克接近了那标志着一百码终点的柴火堆时，加油声越来越大。巴克一过柴火堆听命令停下来的时候，加油声突然变作一片热烈的欢呼喝彩声。人群欢喜欲狂，连马修森也不例外，全都手舞足蹈，异常兴奋，一起把帽子、手套都扔到了空中。大家互相握手祝贺，不管对方是谁，人人激动得语无伦次，连说话都不连贯。

这时桑顿跪在巴克身边，和巴克头靠着头，来回摇晃着。有些人急忙赶过来看，听见他在咒骂巴克，热烈地骂了很久，骂得温柔而亲切。

"天哪！先生！天哪！先生！"那个斯库库姆·班切斯金矿的老板惊呼起来。"我出一千块买你的狗，先生。一千块，先生——一千二百块！先生！"

桑顿站起来了。他的眼睛湿了。泪水溢满了眼睛，毫不掩饰地顺着两颊流淌下来。"先生，"他对那个金矿老板说，"不行，先生。见你的鬼去吧，先生。这是我能给你的最好答复，先生。"

　　巴克又把桑顿的手咬在嘴里。桑顿把他摇来摇去。仿佛被一种共同冲动所驱使，围观的人不约而同地退到一边，表示尊敬，再也不那么轻率地上前来打扰了。

第七章　呼声回荡

在短短五分钟内，巴克就给约翰·桑顿赚了一千六百块钱，这样主人既可以还清债务，还能和两个搭档一块儿到东边去，寻找那片传说中失踪的金矿。那是一片古老的金矿，它的历史和当地的历史一样久远。也不知道有多少人去探寻过，却很少有人找到过，而为数不少的人自从踏上这条探宝之路，就再也没有回来。

这片消失的金矿笼罩着悲剧气息，神秘色彩如云遮雾障。谁也不知道究竟是什么人头一个发现了金矿，就连最早的传说里，也没有提起过这人。传说里有一间古旧破烂的小木屋，这便是故事的开头。有几个从死亡边缘挣扎回来的人曾发誓说，确实有这么一个金矿，小木屋所在的地方，就是那金矿的所在地。他们还拿出一些天然金块，用来证明他们说的是实话，那些金块和在北边人们已知的金子的等级大为不同。

　　但是活着的人没有一个能抢夺到这座宝库，而死去的就死去了，再也不能复生。约翰·桑顿跟皮特、汉斯带着巴克还有另外六条狗，踏上了一条不为人知的小路，出发去东边，要完成一件大业，这是许多和他们一样出类拔萃的人和狗都未能完成的事业。他们驾着雪橇向育空河上游跋涉了七十英里，朝左面的方向拐上了斯图尔特河，翻越了玛右山和麦魁琴山，再接着往上走，沿斯图尔特河追根溯源，一直被河流引领到大陆屋脊上，这条河在这里终于变作蜿蜒于层峦叠嶂中的一条小溪。

　　约翰·桑顿对人类没有什么要求，对大自然也没有什么要求。他对荒野毫不惧怕。有一把盐、一杆枪，他就敢一头扎进荒野之中，高兴到哪儿就到哪儿，想待多久就待多久。他学着印第安人的样子，从容不迫、不慌不忙，每天在旅途中总要猎取一点儿野味充饥。即便打不到野味，他也和印第安人一样照常赶路，相信总会碰到猎物的。因此，在进入东部的漫长旅途中，食谱是清一色的肉，雪橇上装载的主要是弹药和工具，而时间则是毫无限制的，到什么时候算什么时候。

　　对于巴克来说，这趟旅行给他带来无限的欢乐，整天打猎，抓鱼，在陌生的地方漫无边际地游荡。有时候他们会一天接着一天连续走上好几个星期；有时候他们又会随便找个地方扎营住下，一住就是好几个星期。狗群整日闲荡，人则点起火来，把冻结的腐土和砂砾层烧出一个一个洞，不停地淘洗无数盘泥沙。有时候他们挨饿，有时候他们暴饮暴食，全凭猎物的多寡和打猎的运气而定。夏天到了，狗和人都背上了背包，乘着木筏渡过山中一片片蔚蓝色的湖泊，用从森林中砍伐的树干做成长而窄的独木舟，漂流过那些不知名的河流，或顺流而下，或逆流而上。

两个月时间过去了，他们在茫茫旷野中穿来穿去，所到之处，连地图上也没有标明。这里虽然荒无人烟，但是那间"消失的小屋"如果的确存在的话，那么从前就是真有人来过的。他们冒着夏季的暴风雪翻山越岭，在树林地带和终年积雪地带之间光秃秃的山上，顶着半夜里还高悬天空的太阳，冻得浑身发抖。偶或又踏进了沐浴在夏季里的山谷，那里热气蒸腾，蚊蝇成群。在雪山顶的阴影里，可以摘取熟透欲滴的草莓和鲜花，足以和南国的媲美。这年秋天，他们经过一片死寂的湖沼地。曾几何时，这里野禽云集，如今此地没有生命，连生命的痕迹也不存在——唯有冷风呼啸，背阴处滴水成冰，湖面被风吹皱，涌起层层浪花，拍打着寂静的湖岸。

在又一个冬天里，他们四处游荡，追寻着曾在这里盘桓的先驱留下的看不见的足迹。一次，他们在林子里发现一条古老的小道，沿途树干上有刻下的记号，而那座消失的小屋看样子就在附近了。可是这条小道开头不清楚，末了也不清楚。究竟是什么人修的这条路，为什么而修，他们不得而知。另一次，他们发现了一处猎人用过的棚屋，已经残破不堪。约翰·桑顿翻开一堆破烂的毛毯，居然找到了一支长筒燧发枪。他知道，这种枪是由早期开发西北部的哈得逊海湾公司造的。当时这枪的价格不菲，相当于一层层铺展堆叠起来和它一般高的海狸皮的价值。除此之外，别无所获，棚屋为何人所建，又是谁把枪包在毯子里留在那儿，这些就一直是个不解之谜了。

春天又一次来临，他们经过漫长的游荡之后，并没有找到什么消失的小屋，而是在一片开阔的山谷中，发现了一条薄薄的金沙矿层，能淘出黄奶油色的金沙，聚集在淘金盘底闪闪发亮。他们不再继续寻找了。在这里干上一天就能淘出价值几千元的纯净金沙和金块。于是，他们就天天干这活儿。他们把金子装进鹿皮口袋，每袋重五十磅，一袋一袋堆在棚屋外边，看上去好像一垛木柴。他们像巨人一样辛勤劳动，日复一日，如醉如痴，财宝也与日俱增，堆得越来越高。

几条狗无所事事，只是偶尔去把桑顿打到的猎物拖回来，所以巴克有时间长久地卧在火堆边，任自己的幻想自由驰骋。既然没什么事做，他便反复想起那个短腿毛人。巴克还常常躺卧在火堆边出神地眨巴着眼睛，仿佛已经同那人一块儿在他记忆中的另外一个世界里尽情游荡了。

　　另外那个世界里最显著的东西好像就是恐惧了。巴克凝视着睡在火边的毛人，毛人的脑袋耷拉在两膝之间，还用双手遮挡着。巴克注意到毛人睡得并不安稳，常常惊醒，眼睛里带着恐惧，向黑暗中张望，一面往火堆上添几根柴。巴克还跟随毛人来到海边，一块儿捡拾贝壳，边捡边掏出贝壳肉吃掉，同时不断四下环顾，随时准备着，一旦出现危险的迹象，立即撒腿奔逃。巴克跟随毛人来到密林深处,悄无声息地缓缓而行。他俩都十分警觉，耳朵竖立起来，灵活转动，鼻翼颤动着。毛人和巴克一样，听觉和嗅觉都十分灵敏。毛人能一下蹿到树上，抓住树枝，一荡一悠，和在平地上速度一样快。有时一荡就是十几英尺。松开一根树枝，抓住另一根树枝，而且万无一失。其实他在树上如同在平地上一般行动自如。巴克记得在树下守候的夜晚，毛人在树上睡觉，睡着了还紧紧抓着树枝。

　　和幻想中的毛人有密切联系的，是那依旧回荡在密林深处的呼唤。随着呼唤声，一种强烈的不安和怪异的欲望充满了他的心胸，那是一种朦胧而甜蜜的快感。他自己也弄不清楚究竟是什么东西让他如此动心，令他如此神往，但他意识到了自己的这种心情。有时，他会追寻着那声呼唤跑进森林，仿佛这呼唤是一个实实在在的东西，他随着自己的心情也轻声叫几下与之呼应。他常把鼻子伸进冰凉的苔藓里，或是伸进杂草丛生的黑土里贪婪地嗅着泥土的气息，这时他会感到快慰；要不就是躲到布满菌类植物的倒下的树干背后，打埋伏似的蹲上好几个钟头，瞪着眼睛，竖起双耳，仔细倾听周围的一切响动。他这样坐卧在那里，也许为的是吓唬吓唬那个他听不懂的呼唤。然而他并不明白自己为什么要这样做。这样做是出于天然的愿望，他并没有去推究这种举动背后的原因。

　　一阵阵无法抗拒的冲动支配着巴克。在白天的暑热中，他躺在营地懒洋洋地打盹儿，冷不丁就会惊醒，扬起脑袋，竖起耳朵，全神贯注地侧耳谛听。接着他会一跃而起，像箭一样飞奔，不停地奔跑，连续跑上好几个钟头，穿过树林，越过布满黑石块的林间空地。他很喜欢沿着干河道跑，喜欢窥探树林里禽鸟的生活。有时他会在灌木丛里卧上一整天，暗自观看鹧鸪咕咕叫着高视阔步。但是他特别喜欢做的一件事，还是在

夏天的阑珊夜色中奔跑，倾听那睡梦中的林莽发出呢
喃细语，像人类读书那样辨认各种标识和声响，搜寻
着那个神秘的、发出呼唤的所在——那个不管他是睡
着还是醒着，每时每刻都在召唤他的东西。

　　一天夜里，他蓦地一下从睡梦中惊醒，睁大眼睛，
鼻孔一张一合深嗅着，鬃毛忽而伏倒忽而竖立。那呼
唤声从森林里传出来了（或者说只是那个呼唤声的一
个音调，而那呼唤有许多音调），听上去是那样的真切，
超过了以往任何时候——一声长长的嗥叫，跟爱斯基
摩狗的嗥叫类似，又不像。他听出来了，以前曾听到过，
古老而亲切。他飞身而起，跃出沉睡的营地，敏捷而
悄无声息地一头钻进了森林。当他靠近那个呼唤声的
时候，他放慢了脚步，小心翼翼地迈着每一步，慢慢
来到了一块林间空地，举目张望，只见是条瘦长的灰狼，
正挺直腰杆蹲坐在地上，鼻尖指向天空。

　　巴克并没有发出任何响动，而那狼却停止了叫声，
试图发现巴克的踪迹。巴克悄悄走进了空地，半蹲着
往前挪动，缩紧身体，尾巴直挺挺地翘起来，每挪一
步都小心翼翼地落脚。一举一动都表现出了双重意思：
既要威胁对方，又愿意和对方交友。以捕食为生的野
兽狭路相逢，总要先互相威胁。但是那狼一见巴克却
立即转身逃走了。巴克紧追不舍，奔腾跳跃，拼命想

赶上去。追到一条山涧的河床里，巴克把那狼逼上了一条死路，前面有一堆木头挡道。那狼猛一扭身，动作和乔及那些被逼急了的爱斯基摩狗一样，以后腿为轴心，快速掉过头来，鬃毛倒竖，冲巴克疯狂地咆哮起来，上下牙不停地迅速咔咔咬合。

巴克并不进攻，只围着那狼兜圈子，以友好的表示靠近他。那狼却满腹狐疑，心存畏惧；因为巴克的体重是他的三倍，而他的脑袋伸直了也才够得着巴克的肩膀。他瞅准个机会溜掉了，接着巴克又去追他。他一次又一次被逼上绝路，一次又一次逃脱，但是他的身体显然很不好，不然巴克又怎么能轻而易举地追上他。当巴克追到快要和他齐头并进的时候，他才突然掉转头，做出一副困兽犹斗的架势，一旦有机会，他就抽身逃走。

但是巴克顽强的精神最后总算是获得了报偿。那狼发现巴克并无恶意，终于放松了戒备，和他蹭了蹭鼻子。接下来便开始友好相处了，但还是心有余悸，拘谨而羞涩地和巴克嬉戏起来，这是猛兽掩饰其凶猛本性的方式。就这样嬉戏了一会儿，随后那狼又迈着轻快的步子奔跑起来，这表明他想去一个地方。他分明是在告诉巴克，要他一块儿去。于是，他俩在朦胧的夜色中并肩奔跑，沿着河床直奔上游，进入河水流出的峡谷，翻越河水源头所在的那座童山濯濯的荒岭。

　　他俩从分水岭另一面的山坡顺坡而下，来到一片开阔的平原，这里有大片的森林和纵横交错的溪流。他们一进入森林，便平稳地向前奔跑。跑了一个钟头又一个钟头，太阳越升越高，天气越来越暖和。巴克欣喜若狂。他明白自己终于响应了那个呼唤，和山林伙伴并肩奔跑，目标正是发出那个呼唤的地方。古老的记忆飞快地在他心里闪现，他已被这记忆唤醒，就像从前现实曾把他唤醒一样，而那时，这古老的记忆只不过是一些影像而已。这事从前他曾做过，那是在另一个依稀记起的世界里，此刻他又在这么做了，在空阔的原野中自由地奔腾，脚底下踩踏着的是未经开垦过的土地，头顶上覆盖着的是无边无际的浩瀚天空。

　　他俩来到一条小溪边停下来喝水。刚停住脚，巴克便记起了约翰·桑顿，他蹲坐下来。那狼继续向发出那种呼唤声的确切方向跑去，见巴克没动就又折回来蹭蹭他的鼻子，做出种种表示，仿佛在鼓励他一样。可是巴克却转过身来，慢慢循原路往回走。他在荒野里的兄弟和他一块儿跑了半个多钟头，还轻声呜呜地叫个不停。后来他坐下来，鼻尖指向上方，仰天长啸。这是一种悲凉的嗥叫，但巴克还是脚步坚定地走下去，听到那嗥叫声渐渐弱下来，终于在背后遥远的地方消失了。

巴克一头冲进营地，见约翰·桑顿正在吃饭，心中顿时升起一股爱意，情不自禁地扑到了桑顿身上，把他掀翻在地，抓挠他，舔他的脸，咬他的手——用桑顿的话说，这是"傻劲儿上来了"，而他也抓住巴克的脑袋摇晃个不停，嘴里一个劲儿亲昵地咒骂着。

此后接连两天两夜，巴克一步也没有离开过营地，一下也没有让桑顿走出过他的视野。桑顿干活儿的时候，巴克始终跟在他身边，吃饭时也盯着他看，夜里睡觉时看着他钻进被窝，早上看着他钻出被窝。然而，两天后那个呼唤声又从森林中传来，而且比原来更迫切。巴克又不安分了，那荒野兄弟，那山岭背后的灿烂原野，那肩并肩奔跑在密林中的欣喜，种种回忆萦绕心头，挥之不去。于是他又不由自主地游荡进了森林，却看不见那荒野兄弟的踪影；尽管他在漫漫长夜守候倾听，那悲哀的长啸之声再也没有响起。

他开始夜不归宿了，有时候一连好几天在外面不回营地。一次，他还翻过山岭，来到河水源头，走下山坡，进了那片林木葱茏、小溪纵横的原野。他在那儿游荡了一个星期，耐心地寻找他的荒野兄弟，却一直不见那灰狼的踪影。途中一边赶路一边猎食，一路大步慢跑，轻松自在，丝毫感觉不到疲倦。他在一条最终流入大海的宽阔的溪流里捕捉大马哈鱼，在这条溪边还杀死了一头大黑熊，那黑熊的眼睛是瞎的，也是来到这小溪边捕鱼的时候被蚊子叮瞎的，黑熊绝望而暴怒，在森林里疯狂地乱窜一气。即使这样，那也是一场艰苦的战斗，把最后残存在巴克身上的残暴全部唤醒了。两天以后，他又回到了那头黑熊尸体跟前，发现有十几条狼獾在争抢他的战利品，他不费吹灰之力就把他们驱赶得四散奔逃；逃走的狼獾还丢下两个同伴，这两个可怜虫从此再也不会争吵了。

　　杀戮嗜血的渴望变得比以往任何时候都更强烈了。他天生要杀戮，要捕猎，生存靠的是捕食鲜活的动物，他孤立无援，单枪匹马，全凭自己的力量和勇敢，在充满敌意、弱肉强食的环境中胜利地活下来。因此，他为自己的能力感到由衷的自豪，而自豪感又像瘟疫一样感染了他的整个肌体。这种自豪体现于他的一切行动，体现于每一块肌肉的活动，像语言一样明白无误地表达出来，也使他那一身光鲜明亮的皮毛愈发光鲜明亮了。要不是嘴上、鼻子上和眼睛上方那几片棕色，以及他胸脯上的大片白毛，他会被误以为是一条硕大无比的狼——比狼族里最大的还要大。他的个头和体重是从他圣伯纳德犬的父亲那里继承来的，而赋予他个头和体重以完美体形的则是他那牧羊犬母亲。

他的嘴在形状上是那种长长的狼嘴，却又比任何一匹狼的嘴都要大；他的脑袋是狼脑袋，但要宽一些，整个要大一圈。

他的狡猾也是狼特有的狡猾，是野兽的狡猾；他的智慧是牧羊犬的智慧，是圣伯纳德犬的智慧；所有这些，外加在最残酷的学校所获得的经验，使他跻身于游荡在荒野中最可怕的野兽之列。他是肉食动物，不吃别的只吃肉，而且风华正茂，正处于生命力最旺盛的阶段，生气勃勃，活力四射。桑顿爱抚地用手在他背上摸过去的时候，手下就会发出噼噼啪啪的声响，在手掌的接触下，每根毛发都会把积累的磁力释放出来。身体的每个部分，不管是头脑、身体、神经组织还是肌肉纤维，都调整到了最完美的状态；各部分之间均衡协调，配合默契。当看到什么、听到什么或遇到什么而需要采取行动的时候，他能闪电般敏捷地做出反应。爱斯基摩狗进攻或防御时跳跃起来敏捷神速，而他跳跃起来比他们快一倍。一看见有物体移动，一听见声音，他就能做出反应，比别的狗光看和听还要快。他在一瞬间就可以发现情况、完成决定并做出反应。实际上，发现情况、完成决定并做出反应，这三项行动是依次完成的；但是它们之间的间隔短得不能再短了，看上去就像同时进行的一样。他的肌肉充满了活力，可以像弹簧一样猛然发力。生命有如汹涌的潮水在他体内流动，欣喜而狂热，仿佛要使他在狂喜中迸裂，让生命的潮水流泻整个世界。

"这样的狗真是绝无仅有。"约翰·桑顿有一天感慨地说，当时几个搭档正看着巴克气宇轩昂地走出营地。

"他一出世，铸造他的那个模子就破碎了。"皮特说。

"啊哈！我看也是。"汉斯表示赞同。

他们看见他走出了营地，但却没有看见他一旦隐没在密林深处便发生的那种可怕的变化。他不再昂首阔步地往前走了。他摇身一变，立刻成了一头荒野中的猛兽，迈着猫步，悄然潜行，在密林的阴影中神出鬼没。他懂得如何利用各种物体作掩蔽，如何像蛇一样腹部挨着地爬行，并且像蛇一样突然起跳出击。他能在松鸡窝里将其捕捉，一口咬死熟睡的野兔，能把要跳上树逃命却晚了一秒钟的花栗鼠凌空捉住。开阔的水塘里，鱼儿也逃不过他的追捕；修筑巢穴的海狸十分机警，却也难逃他的尖牙利爪。他杀生是为了充饥，而不是出于恣意玩闹；他更爱吃自己杀死的猎物。于是他养成了一种鬼鬼祟祟的习惯，贯穿在他的各种行动中，而偷袭松鼠便是他的一大乐趣，就快捉到的时候，又故意放它们一马，把它们撵得心惊胆战，拼命蹿上树梢。

那一年秋天来临时，成群结队的麋鹿出现了，慢腾腾地向山谷转移，那里地势低洼，不那么寒冷，所以麋鹿群打算迁到那里去过冬。巴克已经放倒了一只小麋鹿，但他渴望更大、更难对付的猎物，有一天在小河源头那座山岭上还真碰见了这么一头猎物。一群麋鹿从那片溪流纵横、林木葱茏的地方走过来，总共有二十头，首领是一头高大的雄鹿。这家伙性子暴躁，身高六英尺多，正是巴克朝思暮想的那种难对付的冤家对头。麋鹿来回摇晃他那两个巨大的犄角，每个角上分出十四个叉，角端相距足有七英尺。他一看见巴克就大发雷霆，怒吼起来，两只恶狠狠的小眼睛里燃烧着凶光。

这头雄鹿腹侧的前部露出半支箭，箭尾还带着羽毛，难怪他那么暴躁。巴克那种捕猎的原始本能指引着他，硬把这只雄鹿和鹿群分隔开来。这事干起来并不容易。巴克与雄鹿正面相持，又叫又跳，刚好让雄鹿够不着他，否则那对巨大的鹿角足以致命，那双可怕的大扁蹄子也只消一下就能把他踩死。雄鹿无法摆脱长着尖牙利齿的敌手的死死纠缠，无法继续赶路，于是暴跳如雷，开始向巴克发起进攻。但巴克避其锋芒，佯装败退，又假装无路可逃，引诱雄鹿追赶。可是每当雄鹿被引出鹿群后，就有两三头年轻些的雄鹿跑来共同对付巴克，支援那头受伤的雄鹿归队。

有一种耐性是属于荒野的——像生命本身那样顽强、不知疲倦、不屈不挠——这种耐性使蜘蛛守候在网上，使毒蛇盘绕成团，使豹子暗地埋伏，长时间纹丝不动，这是那种猎食活物的生命所特有的耐性。巴克就具有这样的耐性，他执着地在鹿群周围紧追不舍，阻碍他们行进，把那些年轻的雄鹿一个一个激怒，让雌鹿为幼鹿担心不已，把那头受伤的雄鹿逼得怒不可遏，却又毫无办法。就这样僵持了半天，巴克从四下里反复进攻，像旋风围绕一般威胁着鹿群。他的猎物刚想返回鹿群，就又被他截断归路，被折磨得筋疲力尽，失去了耐性，而猎物的耐性总是不如捕猎者的耐性大。

白天渐渐逝去，夕阳沉落到西北方向的地平线下睡去了（黑暗又降临了，秋天的夜晚要持续六个钟头），而那头领队的雄鹿仍然无法脱身。那些年轻的雄鹿照旧跑来支援，但一头头都已经显得不太情愿了。冬季即将来临，他们都很困扰，想尽快到低洼的地方去，可是总无法摆脱那纠缠不休的可恶家伙，他搞得他们不能前进。不过，受到威胁的毕竟不是鹿群全体，也不是年轻的雄鹿。人家索取的只是一个成员的生命，这同他们自己的生命比起来，到底不那么重要，所以他们最后还是宁肯留下这点买路钱了。

暮色四合，老雄鹿低着脑袋停下脚步，注视着他的同胞——他的妻妾，他的儿女，他统治下的雄鹿——眼睁睁看着他们在渐渐暗下来的暮色中，慌慌张张、跌跌撞撞地离去了。他跟不上了，因为在他鼻子底下，跳跃着一个尖牙利齿、冷酷残暴的凶神恶煞，挡住了他的去路。他体重达七八百公斤，已经活了很长时间，生命力一直很顽强，一生充满了厮打和斗争，终于到了面临死亡的时候，他将要死在一个家伙的尖牙之下，而那家伙的脑袋还不及他巨大的膝关节高。

此后，无论白天黑夜，巴克一刻也不离开他的猎物，不给他片刻休息的工夫，不允许他吃树叶，也不允许他吃白桦和柳树的嫩芽。跨过一条细水流淌的小溪时，巴克也不给雄鹿喝水的机会，不让他消解那火烧火燎的干渴。雄鹿常在绝望中突然撒腿奔逃上一大段路，遇到这种时候，巴克并不阻止他，而是轻轻松松地跟在他脚跟后面跑，对这样的游戏感到心满意足。雄鹿跑累了站住时，巴克就索性躺倒在地。而雄鹿一旦试图吃东西或喝水，巴克就会对他发起凶猛的进攻。

那颗硕大的头颅在两支像树一样的大角下越垂越低，蹒跚的脚步也越来越不稳当了。他开始长久地站立不动，鼻子抵在地面上，两只耳朵无力地耷拉下来；

巴克倒有了更多的时间喝水休息。每当这时，巴克便耷拉着血红的长舌，两眼死盯着这头高大的雄鹿，似乎感到眼前的情景正在发生变化。他觉察出脚下的大地有一种新的躁动。麋鹿群进入这片原野的时候，另一些生灵也到来了。森林、溪流、空气都伴随着他们的出现而颤动。巴克得知这一消息，凭的不是视觉，不是听觉，也不是嗅觉，而是另一种微妙的感觉。他并没有听见什么，也没有看见什么，但他知道这片土地有些异样；在这片原野上，有陌生的生灵在游荡徘徊，在蓄势待发；他决定先把眼下这事解决了，然后再去查个究竟。

终于在第四天傍晚，他把巨大的麋鹿放倒了。他在自己杀死的猎物旁边待了一天一夜，吃了睡，睡了吃，一轮接着一轮。等到休息好了，恢复了体力，养精蓄锐之后，他掉转头要回营地去，回到约翰·桑顿身边。他放开脚步轻松自如地慢跑了很久，一个钟头又一个钟头，一直跑下去。一路上山重水复，而他一次也没有迷路，穿过陌生地带径直往家跑去，方向把握得毫厘不爽，愧煞了人类和人类的指南针。

一路上他越来越明显地感觉到了大地上那种新的躁动。这里到处都有生命，和盘桓了一个夏天的那些生命不一样。这个事实，他用不着再通过某种微妙而神秘的方式感知了。鸟儿在诉说，松鼠在谈论，微风在耳语，它们都道出了这个秘密。有许多次，他停住脚步，酣畅淋漓地大口呼吸着清晨的新鲜空气，读出了某种信息，这指引着他以更快的速度奔上归途。忽然有种祸从天降的感觉压迫得他难以忍受，即便灾祸还没有发生，也已是大祸临头了；于是，他翻过最后一座山岭，冲下山坡进入山谷，直奔营地，同时加强了戒备。

三英里之外，他发现了一道新鲜的足迹，不由得竖起了脖子上的鬃毛，它们波浪似的一起一伏。那足迹一直通向营地，通向约翰·桑顿那里。巴克加快了步伐，脚步敏捷，悄然无声，绷紧了每一根神经，警惕地注意着各种各样的微小迹象，这些迹象已经道出了这里发生的情况——所有的情况，只有结局除外。他的鼻子对自己正尾随其后的生灵的去向做出了各种各样的猜测。他注意到了森林中有一种意味深长的寂静，飞禽全都销声匿迹，松鼠也都没了踪影。他只看见一只松鼠——那是个灰不溜丢的家伙，平伏在一根灰色的死树枝上，看上去就像树枝的一部分，活像是树枝的一个木瘤。

巴克像个幽灵似的悄然而过，忽然，他的鼻子猛地向侧面一扭，真好像一只有力的手拽了他一下似的。

他马上循着气味走进树丛，发现了尼格。尼格侧身倒在地上死了，是临死前一直爬到这地方的。一支利箭穿透了他的身体，箭头露在一边，带羽毛的箭尾露在另一边。

再往前走一百码，巴克遇到了一条狗，是桑顿在道森买来的几条狗当中的一条，只见他躺在小径上翻滚着，正在垂死挣扎。巴克从他身边走过，没有停留。营地传来了微弱的嘈杂声，忽起忽落，像唱歌一样。巴克肚皮挨着地匍匐爬行，来到营地的边缘，一眼看见汉斯正脸朝地趴着，浑身插满了箭，像只豪猪。这时，巴克向树枝搭建的棚屋望了一眼，一望之下脖子上、肩上的鬃毛齐刷刷竖立起来。怒从心头起，恶向胆边生，他不由得怒吼一声，这一声震天动地，凶恶异常。他平生最后一次让激情代替狡诈和理智，完全是对约翰·桑顿的深爱，使他不顾一切。

一帮印第安伊哈特人正围着倒塌的棚屋跳舞，忽然，他们听到一声可怕的巨吼，只见一头前所未见的猛兽朝他们扑来。这是巴克，一股暴怒的活旋风，带着疯狂的怒火，以横扫千军之势扑上去消灭他们。巴克径直扑向首领（伊哈特人的酋长），将其咽喉撕开，顿时血如泉涌。他不再理会这头一个目标，而是马不停蹄地把第二个家伙的脖子也撕开一个大口子。勇猛异常，锐不可当。他跳到了他们当中，狂撕猛咬、大开杀戒，以可怕的动作连续进攻，并躲开了所有射向自己的箭矢。实际上，他的动作快得不可思议，而那帮印第安人又乱作一团，结果射出的箭没射中巴克不说，反倒伤了自己人；一个年轻猎手凌空向巴克掷来一柄标枪，不料却正中另一个猎手的胸膛，那柄标枪的力量大极了，枪头从后背刺出，伸出一大截儿。伊哈特人陷入一片惊慌，惊恐万状地向林子里逃窜，一边逃窜一边喊叫恶魔降临了。

巴克真的是魔鬼现身，哪怕他们逃到林子里，还在身后穷追不舍，像猎鹿一样，把他们一个一个放倒。这是伊哈特人大祸降临之日。他们四散溃逃，远离那个是非之地，一个星期之后才在一个低洼的山谷里聚集起来，清点伤亡人数。巴克追得疲倦了以后，便返回荒凉的营地。他发现了皮特，死在自己的被窝里，是刚一惊醒就被杀了。桑顿拼命挣扎的痕迹还清楚地留在地上，巴克嗅着每一个细小的痕迹，一路来到一个深水塘。在水塘边，脑袋和前腿浸在水里的是斯基特，她忠于职守，直到生命的最后一刻。水塘里的水变成了泥水，混浊不堪，都是洗沙槽给折腾的，把水里的东西藏得严严实实的，约翰·桑顿就在水里。因为巴克一路跟着他的踪迹，直到那踪迹消失在水里，但却没有发现走出水塘的足迹。

整整一天，巴克要么闷闷不乐地守候在水塘边，要么焦躁不安地在营地转悠。死亡就是静止不动，是生命的终止，这他是知道的。他也知道约翰·桑顿死了，这使他内心感到极大的空虚，有点类似饥饿，而一阵阵伤痛轮番折磨着他，这是食物填不起来的空虚之痛。他偶或停下来凝视伊哈特人那一具具尸体，会暂时把痛苦忘掉；这时他能体会到一种强烈的自豪感——胜过了以往有过的一切类似感觉。他杀了人，这是顶级的猎物，而他是面对棍棒和利齿的法则杀的人。他心中充满好奇，禁不住嗅了嗅那些尸体。他们死得可真容易啊。相比之下，杀死一条爱斯基摩狗要难得多。要不是他们有弓箭、标枪和棍棒，他们压根儿就不是对手。从今往后，他可是再也不怕他们了，除非他们手上拿着弓箭、标枪和棍棒。

夜幕降临，一轮满月爬上树梢，高高升上天空，把大地照耀得白茫茫一片，仿佛可怕的白昼。随着夜晚来临，巴克一面在水塘边苦思冥想，伤心哀叹，一面又觉察到森林里有一种骚动，这和伊哈特人造成的那种骚动截然不同。他站立起来侧耳倾听，深嗅着空中的气味儿。这时远处飘来一声微弱的尖声嗥叫，接着又响起一阵合唱一样的尖嗥。不久，那叫声越来越近，越来越响。巴克又一次明白过来，这就是萦绕在他记忆中挥之不去的声音，那种在另一个世界里听到过的声音。他走到空地当中侧耳谛听。是那呼唤声，是那音调变化的呼唤声，比以前任何时候都更具诱惑力，更让他按捺不住。他现在一反常态，很乐于服从。既然约翰·桑顿死了，最后的牵挂也断了，人类和人类的命令再也约束不了他了。

狼群猎食和伊哈特人捕猎一样，分散在迁徙的鹿群的两侧。狼群终于越过溪流纵横、林木茂密的原野，侵犯巴克的山谷了。他们如同一条银色的洪流，涌入这片月光普照的空地，而空地中央正站着巴克，宛如一尊雕像，一动不动，静候他们的到来。狼群被震慑住了，他是那样的安宁，那样的高大，一时间狼群都停住不动了。少顷，便有一匹最胆大的蓦地向巴克扑去。犹如电光一闪，巴克顺势一口，咬断了来犯者的喉咙。随即又像刚才一样，站在那里稳如泰山，那匹受伤的狼在他背后痛苦不堪地翻滚挣扎。又有三匹狼一匹接一匹发起猛烈进攻，又一匹接一匹败下阵来，被撕破的喉咙和肩膀血流如注。

整个狼群见状一齐蜂拥而上，却乱作一团，挤成一堆，急于放倒猎物而互相碰撞，彼此妨碍。巴克以出其不意的速度和敏捷，稳稳占据优势。他以后腿为轴心，左旋右转，狂撕猛咬，迅速在自己面前形成一道不可逾越的屏障，使敌人无法靠近。但是为了防止敌人绕到背后袭击，他被迫后撤，撤过水塘，退进一条小溪，一直退到背靠一面高高堆积的砾石堤。他挪到堤下一个合适的拐角，这是人们淘金的时候堆成的。在这个拐角里，已有三面天然防线，只要抵挡正面就可以了，于是巴克打算在这儿与敌人决一死战。

　　而且巴克干得很漂亮，过了半个钟头，狼群败退了。一匹匹垂头丧气，耷拉着舌头，狼牙在月光照耀下泛着惨白的光。有些狼卧在地上，抬着脑袋，朝前支棱着耳朵；另外一些站在那里，盯着巴克看；还有一些舔水塘里的水喝。有匹狼身形瘦长，浑身灰色，小心翼翼地试探着走上前去，显出友好的姿态，巴克认出这就是那个荒野兄弟，曾和他一块儿奔跑了一天一夜。见他呜呜地叫唤着，巴克也呜呜回应了几声，于是他俩友善地蹭了蹭鼻子。

　　随后就见一匹瘦骨嶙峋、浑身伤疤的老狼走上前来，巴克抽动嘴唇，皱了皱鼻子，做出要咆哮的样子。结果对方却是也和他蹭了蹭鼻子，相安无事。老狼坐下来，仰头把鼻子尖指向月亮，扯开嗓门发出长长的一声狼嗥。别的狼见状也都坐下，一起嗥叫起来。此刻这召唤声明白无误地灌进了巴克的耳朵。于是他也蹲坐下来，仰天长嗥。嗥叫了一阵以后，巴克从自己的拐角里走出来，狼群簇拥着他，以一种既友好又粗野的方式，彼此都用鼻子嗅了一回。几匹领头的狼又带领大家长嗥起来，然后奔进了树林。狼群紧跟在后面，齐声嗥叫。巴克也跟着他们跑，和他那个狼兄弟肩并肩，边跑边嗥。

讲到这儿，巴克的故事满可以打住了。没过几年，伊哈特人就发现大灰狼的种群里发生了一些变化；因为他们看到有些狼的脑袋上和嘴上长出了一片片棕色毛斑，胸口还长出一溜白毛。然而比这更显著的是，伊哈特人传说有一条狗精，常跑在狼群的排头。他们很害怕这条狗精，因为这狗比他们还狡猾，在严冬时节总到他们营地去偷东西，打劫他们捕兽机中的猎物，杀死他们的狗，挑战他们最勇敢的猎手。

不仅如此，那故事越传越变味了：说有的猎手再也没有返回营地，有的猎手被本部落的人发现，喉咙给撕破了，惨不忍睹，周围雪地上还留着狼蹄印，比什么狼的蹄印都大。每年秋季，当伊哈特人追踪麋鹿的时候，有条山谷他们是决不踏进去的。女人们围坐在火边，说起这事都不免悲从中来，因为传说恶魔已经降临，住进了那条山谷。

但是，每年夏天那条山谷里都会来一个拜访者，这事伊哈特人并不知道。那是一匹皮毛光亮的大狼，与其他的狼既相像，又不像。他会独自穿过那片林木葱茏的灿烂原野，来到林子里的一片空地。这里有条黄水小溪从一堆腐烂的鹿皮口袋里汩汩流出，渗入地下，水间长出高高的野草，水面盖满绿藻青苔，遮盖了那层黄色，使其隔离天日。他到这儿来沉思良久，嗥叫一番，其声悠长悲凉，而后悄然离去。

　　但他并不总是独自一个。每当漫长的冬夜来临，狼群追踪猎物进入低洼山谷的时候，可以看见他奔跑在狼群之首，在惨白的月色中或明灭不定的极光下奔腾跳跃，其形伟硕，超群出众，他那粗喉大嗓长啸狂歌，唱出早年世界的歌，那是狼群之歌。

图书在版编目 (CIP) 数据

野性的呼唤：汉英对照 ／（美）杰克·伦敦（Jack London）著；
贾文浩译. —南京：译林出版社，2023.11
（双语经典）
书名原文：The Call of the Wild
ISBN 978-7-5447-9878-5

I.①野… II.①杰… ②贾… III.①英语－汉语对照读物
IV.①H319.4

中国国家版本馆 CIP 数据核字 (2023) 第 168478 号

野性的呼唤　〔美国〕杰克·伦敦／著　贾文浩／译

责任编辑　陈绍敏
特约编辑　夏家惠　胡力为
装帧设计　鹏飞艺术
校　　对　刘文硕
责任印制　贺　伟

出版发行　译林出版社
地　　址　南京市湖南路 1 号 A 楼
邮　　箱　yilin@yilin.com
网　　址　www.yilin.com
市场热线　010-85376701
排　　版　鹏飞艺术
印　　刷　三河市中晟雅豪印务有限公司
开　　本　889 毫米 ×1194 毫米　1/32
印　　张　9.25
版　　次　2023 年 11 月第 1 版
印　　次　2023 年 11 月第 1 次印刷
书　　号　ISBN 978-7-5447-9878-5
定　　价　49.80元